BEI GRIN MACHT SICH IHR WISSEN BEZAHLT

AF144519

- Wir veröffentlichen Ihre Hausarbeit, Bachelor- und Masterarbeit

- Ihr eigenes eBook und Buch - weltweit in allen wichtigen Shops

- Verdienen Sie an jedem Verkauf

Jetzt bei www.GRIN.com hochladen und kostenlos publizieren

Harald Eichsteller (Hrsg.)

Aus der Reihe: Skripte von Prof. Harald Eichsteller

Hochschule der Medien (HdM), Stuttgart

Band 1

Kosten- und Leistungsrechnung

GRIN Verlag

Bibliografische Information der Deutschen Nationalbibliothek:

Die Deutsche Bibliothek verzeichnet diese Publikation in der Deutschen National-
bibliografie; detaillierte bibliografische Daten sind im Internet über http://dnb.d-
nb.de/ abrufbar.

Impressum:

Copyright © 2010 GRIN Verlag, Open Publishing GmbH
Druck und Bindung: Books on Demand GmbH, Norderstedt Germany
ISBN: 978-3-640-67839-6

Dieses Buch bei GRIN:

http://www.grin.com/de/e-book/155777/kosten-und-leistungsrechnung

GRIN - Your knowledge has value

Der GRIN Verlag publiziert seit 1998 wissenschaftliche Arbeiten von Studenten, Hochschullehrern und anderen Akademikern als eBook und gedrucktes Buch. Die Verlagswebsite www.grin.com ist die ideale Plattform zur Veröffentlichung von Hausarbeiten, Abschlussarbeiten, wissenschaftlichen Aufsätzen, Dissertationen und Fachbüchern.

Besuchen Sie uns im Internet:

http://www.grin.com/

http://www.facebook.com/grincom

http://www.twitter.com/grin_com

HOCHSCHULE DER MEDIEN

Kosten- und Leistungsrechnung

Aus der Reihe: Skripte von Prof. Harald Eichsteller

Hochschule der Medien (HdM), Stuttgart

Band 1

Harald Eichsteller, Stefan Dittmar (Vorlage)

Einführung

„Kosten- und Leistungsrechnung" wird als Pflichtveranstaltung im Grundstudium des Bachelorstudiengangs Medienwirtschaft an der Hochschule der Medien (HdM), Stuttgart und als Wahlpflichtveranstaltung in den weiteren Bachelorstudiengängen der Fakultät Electronic Media angeboten.

Die Vorlesung „Kosten- und Leistungsrechnung" baut auf den Kenntnissen der Erstsemester-Vorlesung „Buchführung und Bilanzen" auf und fokussiert sich auf die interne Beurteilung von Erfolg innerhalb des internen Rechnungswesens eines Unternehmens.

Klassische Fragestellungen sind beispielsweise:

- Ist ein Bereich profitabel?
- Soll eine Leistung selbst erstellt oder extern zugekauft werden?
- Welche Kalkulationssätze gewährleisten kostendeckendes und profitables Wirtschaften?
- Wie sind Budgetierungsprozesse in der Praxis organisiert?
- Welche Handlungsoptionen bestehen bei plötzlichen Budget-Sperren?

Neben der Einführung in die unterschiedlichen Kostensystematiken sind die Berücksichtigung von Spezifika in verschiedenen Medienunternehmen sowie Praxisbeispiele Schwerpunkte der Veranstaltung.

- Einführung in Kostenarten-, Kostenstellen- und Kostenträgerrechnung
- Innerbetriebliche Leistungsverrechnung
- Kalkulationsverfahren
- Kostenplanung und -kontrolle
- Budgetprozess in der Praxis

Das Skript lehnt sich an das Lehrbuch „Einführung in das Rechnungswesen: Bilanzierung und Kostenrechnung" von Jürgen Weber und Barbara E. Weißenberger (Schäffer-Poeschel) an und ist flankierend zu diesem einzusetzen.

Vorarbeiten zu der vorliegenden Form dieses Skriptes wurden 2008 von Stefan Dittmar, Student der Medienwirtschaft an der HdM Stuttgart, aus eigener Initiative geleistet – vielen Dank vor allem auch im Namen folgender Studierenden-Generationen ☺.

Prof. Harald Eichsteller
Hochschule der Medien (HdM), Stuttgart

Lernziele

Die Studierenden sollen in der Lehrveranstaltung Kosten- und Leistungsrechnung ein breites und integriertes Wissen und Verstehen der wissenschaftlichen Grundlagen erlangen.

Die Inhalte der Veranstaltung sollen dazu führen, dass die Studierenden über ein kritisches Verständnis der wichtigsten Theorien, Prinzipien und Methoden der Kostenrechnung verfügen und in der Lage sind, das Wissen in diesem Bereich vertikal, horizontal und lateral zu vertiefen.

Das Wissen und Verstehen sollte dem Stand der Fachliteratur entsprechen, sollte aber zugleich einige vertiefte Wissensbestände auf dem aktuellen Stand der Forschung einschließen.

Daneben ist die instrumentale Kompetenz der Kalkulation mit Hilfe von PC-gestützten Tabellenkalkulationsprogrammen ein wichtiger Schwerpunkt der Veranstaltung, der die Studierenden in die Lage versetzt, komplexe Medienproduktionen wie beispielsweise ein Musical mit der entsprechenden Kostenstruktur zu planen und Auswirkungen von diversen Kapazitätsauslastungen auf die Profitabilität des Musicals mit Hilfe der Szenario-Technik zu erfassen.

Inhaltsverzeichnis

Einführung 2

Lernziele 3

Inhaltsverzeichnis 4

1   Einführung – Fallbeispiel More-than-copy GmbH 7

2   Einführung in die Erfassungs- und Verrechnungsaufgaben der
       Kostenrechnung 15

2.1   Abbildungsfunktion der internen Rechnungslegung 15

2.2   Produktionsfaktoren 15

2.3   Kostendifferenzierung nach Lebenszyklus-Phasen 16

2.4   Leistungen 16

2.5   Produktionsprozess-Typen nach Stoffverwertungsart 17

2.5.1 Analytische Stoffverwertung 17

2.5.2 Synthetische Stoffverwertung 17

2.5.3 Durchlaufende Stoffverwertung 18

2.5.4 Umgruppierende Stoffverwertung 18

2.6   Wichtiger Kostenblock: Herstellung der Prozess-Bereitschaft......................... 18

2.7   Kombination von Einzelprozessen 19

2.7.1 Einseitige Leistungsbeziehung 19

2.7.2 Wechselseitige Leistungsbeziehung 19

2.8   Zusammenfassung 19

3   Grundaufbau der Kostenrechnung 20

3.1   Grundsätzliche Aufgabenbereiche der Kostenrechnung 20

3.2   Von der Kostenrechnung unterstützte Entscheidungsfelder 20

3.3   Kostenrechnerische Bereiche 21

3.3.1 Kostenarten 21

3.3.2 Kostenstellen 21

3.3.3 Kostenträger 22

3.4   Exkurs: Beispiel Kostenplan 23

3.5   Traditioneller Grundaufbau der Kostenrechnung 24

3.6   Rechnungszwecke der Kostenrechnung 24

4 Grundformen der Kalkulation von Leistungen **25**

4.1 Grundsätzliche Kennzeichnung des Kalkulationsproblems 25

4.2 Verursachungsprinzip und Marginalprinzip..25

4.2.1 Verursachungsprinzip 25

4.2.2 Marginalprinzip..26

4.2.3 Gegenüberstellung Verursachungsprinzip – Marginalprinzip 26

4.2.4 Fallbeispiel Fahrbereitschaft...26

4.3 Divisionskalkulation..27

4.4 Äquivalenzahlenkalkulation..28

4.5 Kalkulation unterschiedlicher Leistungen...29

4.6 Verrechnungssatzkalkulation 29

4.7 Zuschlagskalkulation 31

4.8 Grundfragen der Kalkulation im Überblick 33

5 Kosten- und Erlösarten **34**

5.1 Aufgabe der Kostenartenrechnung 34

5.2 Merkmale der Kosten 34

5.3 Einzelkosten und Gemeinkosten 34

5.4 Variable Kosten und fixe Kosten 35

5.5 „Klassischer" Verlauf von Kosten..35

5.6 Übernahme aus der Finanzbuchhaltung..35

5.7 Wichtige Kostenarten 36

5.7.1 Anlagenkosten 36

5.7.2 Materialkosten..37

5.7.3 Personalkosten 40

5.8 Erlöse...41

6 Kostenplanung und -kontrolle **42**

6.1 Abweichungsanalyse 42

6.2 Kostenauflösung 43

6.3 Kostenremanenz..43

6.4 Plankostenrechnung 44

6.4.1 Starre Plankostenrechnung 44

6.4.2 Flexible Plankostenrechnung...45

6.4.3 Grenzplankostenrechnung 48

6.5 Zahlen und Graphik – Darstellung Kundenprofitabilitäts-Segmentierung 49

7 Verrechnung der Kosten zwischen Kostenstellen 50

7.1 Einzelleistungsbezogene Verrechnung........................50

7.2 Verrechnung mit Schlüsseln 50

7.3 Form der Leistungsverflechtung 51

7.3.1 Beispiel für gegenseitige Leistungsverflechtungen von zwei Vorkostenstellen 52

7.3.2 Verfahren zur genauen Berechnung der Leistungsverflechtung........................53

7.4 Standardverrechnung von Kostenstellenleistungen........................56

7.4.1 Anbauverfahren 57

7.4.2 Stufenleiterverfahren........................60

7.5 Sonderverrechnung von Kostenstellenleistungen........................62

7.5.1 Kostenartenverfahren 62

7.5.2 Kostenstellenausgleichsverfahren 63

7.5.3 Kostenträgerverfahren 63

8 Vollkostenrechnung und Teilkostenrechnungen 64

8.1 Vollkostenrechnung 64

8.2 Teilkostenrechnung........................67

8.2.1 Direct Costing 69

8.2.2 Stufenweise Fixkostendeckungsrechnung........................69

1   Einführung – Fallbeispiel More-than-copy GmbH

Unternehmensbeschreibung

- Abs, Primus und Schäff betreiben eine studentische Kopier-Bude als GmbH

- Abs managt mit der Hilfskraft Schaffer den Kopierbereich

- Primus hat sich auf den Handel mit Kopiergeräten verlegt; zusammen mit Schäff hat er zusätzlich ein Zimmer angemietet

- Schäff kümmert sich um Organisation, Rechnungslegung und Strategie

Gewinn- und Verlustrechnung 2002

Umsatzerlöse	155.000 €
Toner- und Papieraufwand	3.600 €
Handelsware (bezogene Kopiergeräte)	85.000 €
Personalaufwand	31.500 €
Abschreibungen	1.700 €
Mieten	5.160 €
Wartungskosten Kopierer	1.050 €
Telefon	950 €
Strom / Heizung	5.400 €
Jahresüberschuss	20.640 €

Fragen

- Um wie viel kann man bei Konkurrenzangeboten den Preis von 25 Cent pro Kopie senken, ohne in die Verlustzone zu geraten?

- Nach dem Fall des Rabattgesetzes (im Juli 2001) wären Mengen- und Treue-Rabatte sinnvoll; wie viel Spielraum hat die More-than-copy GmbH?

- Soll zusätzlich zur Neuanschaffung eines 2. Kopierers im letzten Jahr ein 3. Gerät gekauft werden? Kann der neue Kopierer den sehr tonerintensiven alten Kopierer profitabel ersetzen?

- Ist die von Primus geäußerte These richtig, dass der Erfolg der Gesellschaft nur auf die Handelsspannen bei verkauften Kopiergeräten zurückzuführen sei.

- Kann man den Zusatz-Auftrag, die Kopie der Hochschul-Nachrichten zu übernehmen, profitabel unter dem bisherigen Preis von 0,08 € pro Seite fahren?

Grenzen der GuV

Die Gewinn- und Verlustrechnung ermittelt den Erfolg der rechnungslegenden Unternehmung als Ganzes.

Sparten- oder Produkt-Erfolge sind aus ihr nicht ersichtlich!

Kostenrechnung und Finanzbuchhaltung

Die Kostenrechnung baut im Wesentlichen auf der Finanzbuchhaltung auf. Die Aufwendungen und Erträge werden auf der Basis der Einzelbelege (einzelne Geschäftsvorfälle) mit weiteren Informationen versehen („kontiert").

Bei diesen zusätzlichen Informationen handelt es sich um solche, die eine differenzierte Zuordnung der Beträge zu bestimmten „Kalkulationsobjekten" oder „Bezugsobjekten" zulassen.

Zuordnung von Belegen

Leichte Zuordnung

- Umsatzerlöse, für die Kassenbelege bzw. Verkaufsrechnungen vorliegen

- der Toner- und Papieraufwand

- die Kosten für die als Handelswaren bezogenen Kopierer

- die Miete des Kopierladens incl. Strom- und Heizkosten, Telefonkosten, Abschreibung der Möbel

- die Personalkosten von Primus

Schwerere Zuordnung

- Überweisungsbelege des Schäff-Gehalts

Kostenzuordnung

Nicht alle Kosten lassen sich direkt, unmittelbar für einzelne Produkte (Kunden, Vertriebswege, Märkte etc.) erfassen und diesen zuordnen.

Kosten, für die eine Zuordnung nicht direkt gelingt, sammelt man deshalb im ersten Schritt in speziellen „Töpfen", die man Kostenstellen nennt.

Bildung von Kostenstellen

Die Bildung und Gliederung von Kostenstellen folgt der organisatorischen Gliederung des Unternehmens.

Bei nicht direkt zuordenbaren Kosten bzw. gemeinsam von mehreren Bereichen genutzten Kostenpositionen kann es sinnvoll sein, Kostenstellen einzurichten, die anschließend weiterverrechnet werden (Verrechnungskostenstellen).

Organisation

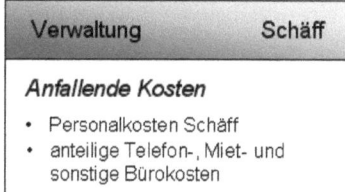

Verwaltung	Schäff
Anfallende Kosten	
• Personalkosten Schäff • anteilige Telefon-, Miet- und sonstige Bürokosten	

Kopiergeschäft	Abs
Anfallende Kosten	

• Personalkosten Abs
  und Hilfskraft
• Kopiererkosten
• Papier- und Tonerkosten
• Telefon-, Miet- und sonstige
  Kosten des Kopierladens	

Anfallende Erlöse	
• Kopienerlöse	

Kopiererhandel	Primus
Anfallende Kosten	

• Personalkosten Primus
• Kosten der Handelsware
  Kopierer
• anteilige Telefon-, Miet- und
  sonstige Bürokosten	

Anfallende Erlöse	
• Erlöse der Handelsware Kopierer	

Verrechnungskostenstelle „Büroraum"

Kostenpositionen

Abschreibungen für Büroausstattung	200 €
Mieten und Mietnebenkosten	2.400 €
Telefongebühren	650 €
Strom- und Heizungskosten	1.200 €
Summe	4.450 €

Kostenschlüssel

- Gemeinsame Nutzung des Raums

- Jeder hat einen Schreibtisch

- Gemeinsame Nutzung Garderobe und Schirmständer

- Etwa gleichlange Aufenthaltsdauer im Büro

doch

- Schäff hat den größeren Schreibtisch

- Schäff hat einen Teppich unter seinem Schreibtisch

- Schäff hat den kürzeren Weg zur Toilette

und überhaupt

- Primus nimmt das gemeinsame Telefon absolut über Gebühr in Anspruch... auch privat!

Kostenschlüssel

Es gibt grundsätzlich keinen „richtigen" Schlüssel im Sinne eines Berechnungsmodus zur Aufteilung solcher Kosten, die für mehrer Bezugsobjekte (hier: Kostenstellen) gemeinsam anfallen.

Letztere Kosten bezeichnet man als Gemeinkosten. Jede Gemeinkosten-Schlüsselung ist stets angreifbar, auch wenn sie noch so plausibel erscheint.

Berechnung Spartenergebnis - 1. Schritt

	Kopier-geschäft	Kopierer-handel	Verwal-tung	Büro	Summe
Umsatzerlöse	30.000	125.000			155.000
Toner- und Papieraufwand	3.600				3.600
Handelsware (bezogene Kopiergeräte)		85.000			85.000
Personalaufwand	13.500	9.000	9.000		31.500
Abschreibungen - Kopierer	1.250				1.250
Abschreibungen - Büroausstattung	250			200	450
Mieten	2.760			2.400	5.160
Wartungskosten Kopierer	1.050				1.050
Telefon	300			650	950
Strom / Heizung	4.200			1.200	5.400
Vorläufiger Spartenerfolg	3.090	31.000	-9.000	-4.450	20.640
Verrechnung Bürokosten		-2.225	-2.225	⟵⎯⎯⏋	
Spartenerfolg	3.090	28.775	-11.225		20.640

Kostenverrechnung Büro

Kostenstellen, die gleichzeitig für mehrere Produkte bzw. Produktgruppen Leistungen erbringen (sog. „Endkostenstelle"), werden in der Kostenrechnung zumeist vollständig auf die betroffenen Produkte „umgelegt", d.h. man verrechnet sämtliche auf diesen Kostenstellen angefallenen Kosten nach bestimmten Schlüsseln direkt auf die Produkte.

Verursachungsgerechtigkeit

Die traditionelle Kostenrechnung richtet sich bei der Schlüsselung von Kosten stets an einer möglichst „verursachungsgerechte" Verteilung aus.

Sie interpretiert dabei „verursachungsgerecht" im Sinne von „anteiliger Leistungsinanspruchnahme": Derjenige, der eine Kostenstelle mehr in Anspruch genommen, hat als ein anderer, soll auch mehr Kosten belastet bekommen.

Variante 1: Zuschlagskalkulation

analog zu § 255 Abs. 2 HGB

Schlüsselung von Verwaltungs(gemein)kosten als prozentualer Zuschlag auf die Herstellkosten (Summe aus Materialkosten und Fertigungskosten).

	Kopier-geschäft	Kopierer-handel	Verwal-tung	Büro	Summe
Umsatzerlöse	30.000	125.000			155.000
Kosten					
....		...	...		...
Vorläufiger Spartenerfolg I	3.090	31.000	-9.000	-4.450	20.640
Verrechnung Bürokosten		-2.225	-2.225	←⏋	
Vorläufiger Spartenerfolg II	3.090	28.775	-11.225		20.640
Herstellkosten	26.910	96.225	⏐		
Verrechnung Verwaltungskosten	-2.453	-8.772	←⌐		
Spartenerfolg	637	20.003			20.640

Variante 1: Kopiergerätehandel muss weit mehr Verwaltungskosten tragen als Kopiergeschäft

obwohl

- dort 2 Leute arbeiten, Primus jedoch seinen Job alleine macht (d.h. mindestens doppelte Zahl von Lohn- und Gehaltszahlungen, Kontakten mit Krankenkassen und anderen personalbezogenen Aktivitäten)

- Primus mit wenigen Geschäften das Geld der more-than-copy GmbH verdient, während vom Kopiergeschäft her eine Fülle von „Kleckerbeträgen" verbucht werden muss

- Schäff – wenn er diesen Aufgabenbereich überhaupt wahrnehme – Planungs- und Kontrollaufgaben wohl nur für das mühselige copy-business durchzuführen hätte

und überhaupt

- Primus nimmt die Verwaltung so gut wie gar nicht in Anspruch!

Variante 2: Einfache Zweiteilung

denn

Kosten von Bereichen, die dispositive Tätigkeiten erbringen (z.B. Verwaltung, Forschung und Entwicklung), auf Produkte oder andere Kostenstellen zuzurechnen, bereitet generell erhebliche Schwierigkeiten.

Die (traditionelle) Kostenrechnung behilft sich zumeist mit sehr pauschalen, wenig plausiblen Schlüsseln.

	Kopier-geschäft	Kopierer-handel	Verwal-tung	Büro	Summe
Umsatzerlöse	30.000	125.000			155.000
Kosten					
....		...	...		...
Vorläufiger Spartenerfolg I	3.090	31.000	-9.000	-4.450	20.640
Verrechnung Bürokosten		-2.225	-2.225	⬅——⅃	
Vorläufiger Spartenerfolg II	3.090	28.775	-11.225		20.640
Verrechnung Verwaltungskosten	-5.612	-5.613	⬅——⅃		
Spartenerfolg	-2.522	23.162			20.640

Variante 2: Preiserhöhung

<u>denn</u>

- ca. 2.400 € auf 120.000 Kopien umlegen, bedeutet lediglich eine Preiserhöhung um 2 Cent

<u>aber</u>

- schon mal etwas von „Sich-aus-dem-Markt-Herauskalkulieren" gehört?

<u>doch</u>

- wie ändern sich den überhaupt die Kosten bei verändertem Absatz?

Spaltung der Kosten und Erlösen

	Kopier-geschäft	Veränderlichkeit der Beträge	Bezugsgröße
Umsatzerlöse	30.000	variabel	Kopienzahl
Toner- und Papieraufwand	3.600	variabel	Kopienzahl
Personalaufwand	13.500	fix	
Abschreibungen - Kopierer	1.250	fix (?)	
Abschreibungen - Büroausstattung	250	fix	
Mieten	2.760	fix	
Wartungskosten Kopierer	1.050	fix (?)	
Telefon	300	variabel (?)	?
Strom / Heizung	4.200	fix	
Vorläufiger Spartenerfolg II	3.090		
Verrechnung Bürokosten	-5.612	fix	
Spartenerfolg	-2.522		

Einfache Zuordnung bei Umsatzerlösen und Materialkosten

<u>denn</u>

Umsatzerlöse und Materialkosten (hier: Kosten für Toner und Papier) hängen bei den meisten Unternehmen in ihrer Höhe unmittelbar von der Menge erstellter Produkteinheiten ab.

Sie werden deshalb als Einzelerlöse bzw. als Einzelkosten direkt den Produkten zugerechnet.

Andere Kosten wie Personalkosten, Miete sind ohne Zweifel unabhängig vom Kopiervolumen

<u>aber</u>

- Telefongebühren?

<u>und</u>

- Abschreibung der Kopierer (in der Buchhaltung zeitproportional = linear)

<u>sowie</u>

- Wartungskosten der Kopierer (pauschaler Wartungsvertrag)

Kostenspaltung

Um die Veränderung des Erfolgs eines Produkts bzw. einer Sparte bei Veränderungen der entsprechenden Absatzmengen bestimmen zu können, ist es unumgänglich, eine Kostenspaltung vorzunehmen.

Diese setzt prinzipiell bei jedem einzelnen Kostenbetrag an, ist somit mit einem erheblichen Analyseaufwand verbunden.

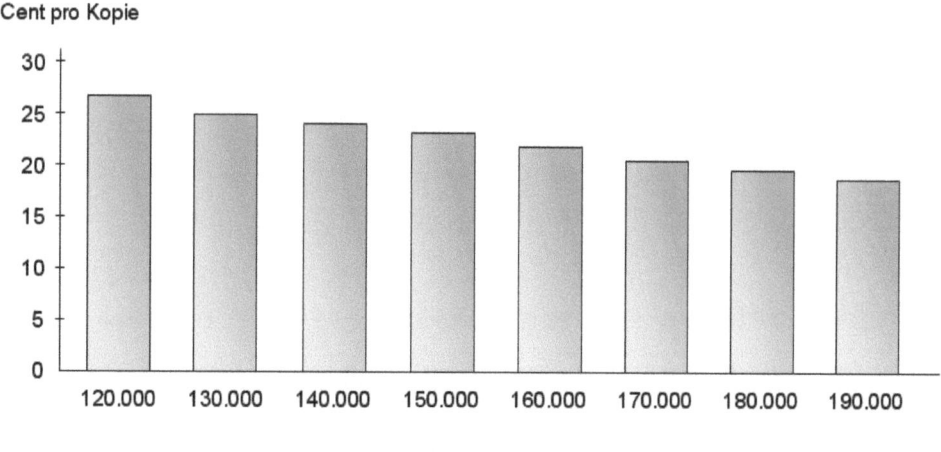

Zahl angefertigter Kopien

Fixkostenproportionalisierung

Durch die Verrechnung ohnehin anfallender Fixkosten auf die einzelnen Produkteinheiten (Fixkostenproportionalisierung) sind die „Kosten pro Stück" abhängig von der Absatzmenge.

Eine bei Kostenunterdeckung vorgenommene Preiserhöhung kann deshalb bei normaler Nachfrage nicht zu einer Ergebnisverbesserung, sondern zu einer Erhöhung der Verluste führen.

Erkennt man den Zusammenhang nicht, kann man sich „aus dem Markt herauskalkulieren".

Zusammenfassung

Das Fallbeispiel sollte in komprimierter Form einen Überblick über Kostenrechnung bieten, i.e.

- über die Fragestellungen, die zum Aufbau eines zur externen Rechnungslegung parallelen Rechnungszweiges geführt haben

- die Verbindungen zwischen externer und interner Rechnungslegung

- die wichtigsten Entscheidungsprobleme der Kostenrechnung wie Preiskalkulation, Preisbeurteilung und Wirtschaftlichkeitsrechnungen

- das prinzipielle Vorgehen der Kostenrechnung, d.h. Ableitung der Rechengrößen aus der Finanzbuchhaltung, Zuordnung zu Kostenstellen und Kostenträgern, Kostenspaltung, Kostenverrechnung

- die bedeutsamsten dabei auftretenden Erfassungs- und Verrechnungsprobleme

2 Einführung in die Erfassungs- und Verrechnungsaufgaben der Kostenrechnung

2.1 Abbildungsfunktion der internen Rechnungslegung

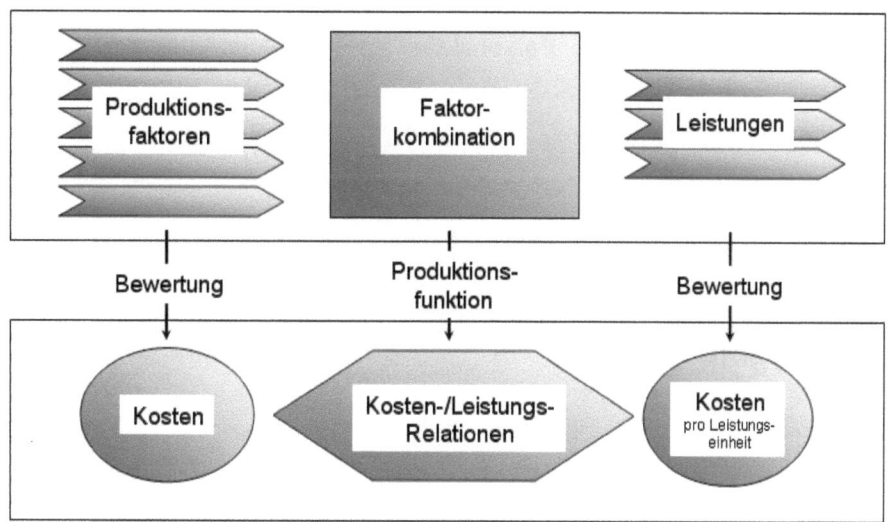

[Beispiel] Erläutern Sie anhand des Beispiels einer One-(wo)man-AG, die Webseiten produziert, die Abbildungsfunktion der internen Rechnungslegung!

2.2 Produktionsfaktoren

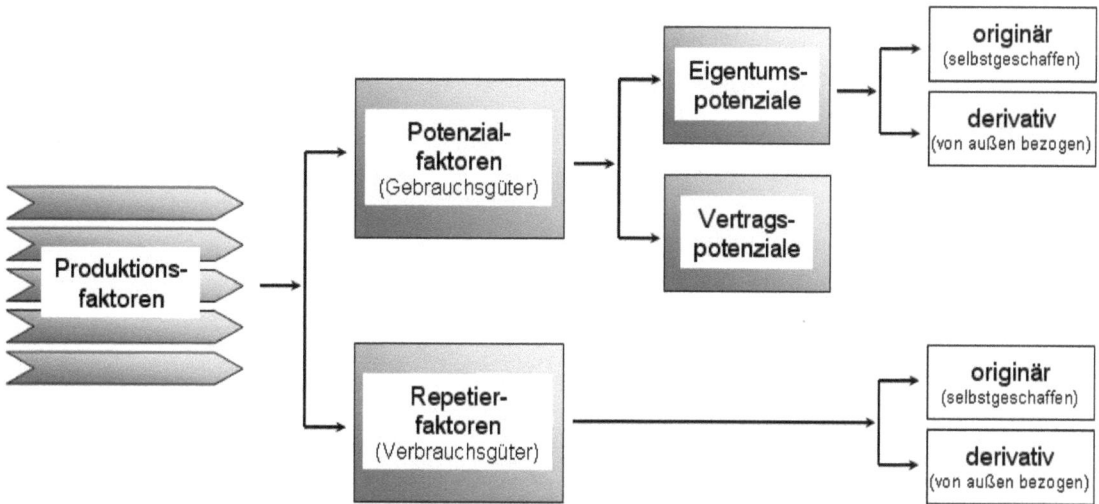

2.3 Kostendifferenzierung nach Lebenszyklus-Phasen

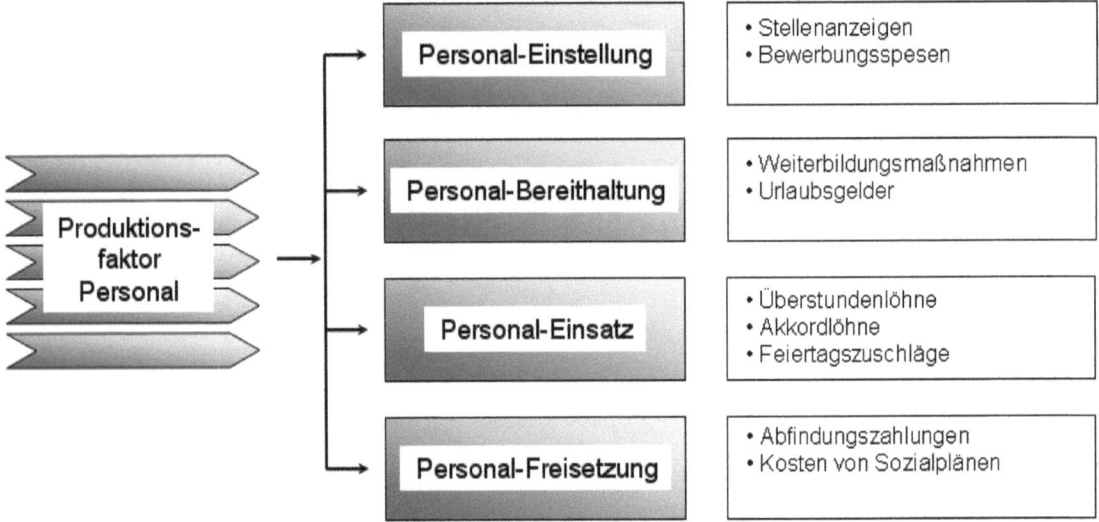

2.4 Leistungen

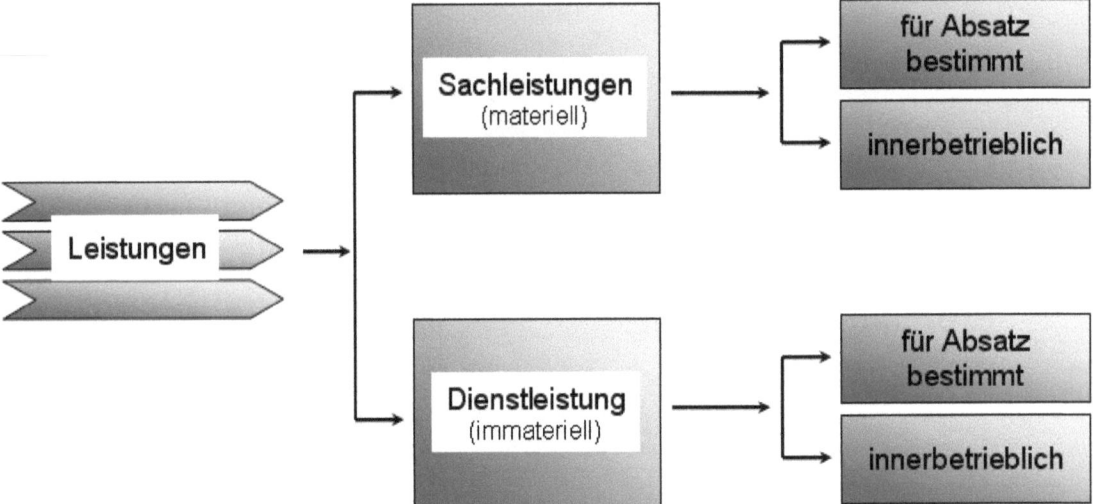

2.5   Produktionsprozess-Typen nach Stoffverwertungsart

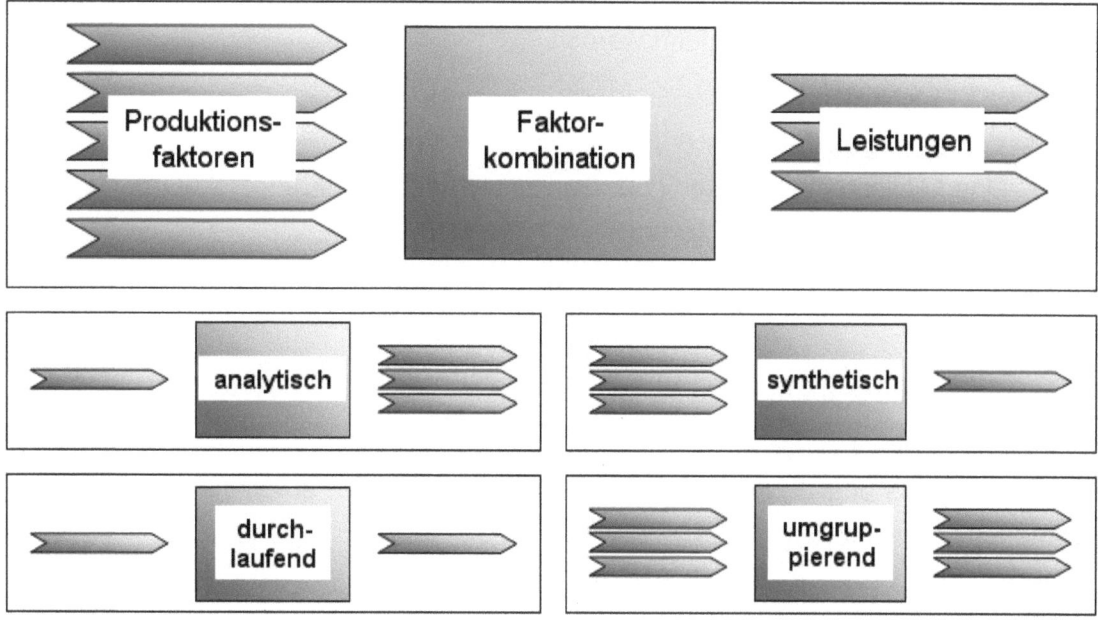

2.5.1   Analytische Stoffverwertung

Aus einem maßgeblichen Einsatzstoff werden mehrere Ausbringungsstoffe hergestellt.

Diese Art der Fertigung ist typisch für naturnahe Produktionsprozesse, in denen Rohstoffe in ihre Bestandteile zerlegt werden.

Klassische Beispiele
- Fleischfabriken
- Raffinerien

Probleme
- Wie sollen bspw. die Kosten einer Tonne Rohöl „gerecht" auf die einzelnen Destillate (von Kerosin bis zu Teer) aufgeteilt werden?
  → Kalkulation von Kuppelprodukten

2.5.2   Synthetische Stoffverwertung

Typisch für alle Industrien, in denen etwas „zusammengebaut" wird. Mehrere Einsatzstoffe werden zu einem Endprodukt zusammengefügt.

Klassische Beispiele
- Maschinenbau
- Fahrzeugbau
- Bauindustrie

Probleme
- „nur" in Stücklisten festhalten, was „eingebaut" wird.
- operationale Probleme bei extrem hoher Typenvielfalt und häufiger Änderung der Teilezusammensetzung

2.5.3 Durchlaufende Stoffverwertung

Typisch für dienstleistungsnahe Produktionsprozesse, in denen an einem Objekt bestimmte Verrichtungen durchgeführt werden

Klassische Beispiele

- Veredelungsprozesse (z.B. Färben von Stoffen)
- Oberflächenbehandlungen (z.B. Galvanisierung, Lackierung, Härtung)
- Reifeprozesse (Lagerung von Wein, Käse etc.)

Probleme

- keine

2.5.4 Umgruppierende Stoffverwertung

Kombination aus analytischer und synthetischer Prozessart, ebenfalls häufig bei rohstoffnahen Prozessen.

Klassische Beispiele

- Hochofenprozess
  Input - Eisenerz, Schrott, Zusatzstoffe
- Output - Roheisen, Schlacke, Gase

Probleme

- wie bei analytischer Stoffverwertung

2.6 Wichtiger Kostenblock:
Herstellung der Prozess-Bereitschaft

Beispiel 1

- Herstellen der Prozess-Bereitschaft einer Produktionsanlage zur Herstellung von Plastik-Pressteilen

Beispiel 2

- Herstellen der Betriebsbereitschaft von Verkehrsmitteln (Bahn, Flugzeug)

2.7   Kombination von Einzelprozessen

2.7.1   Einseitige Leistungsbeziehung

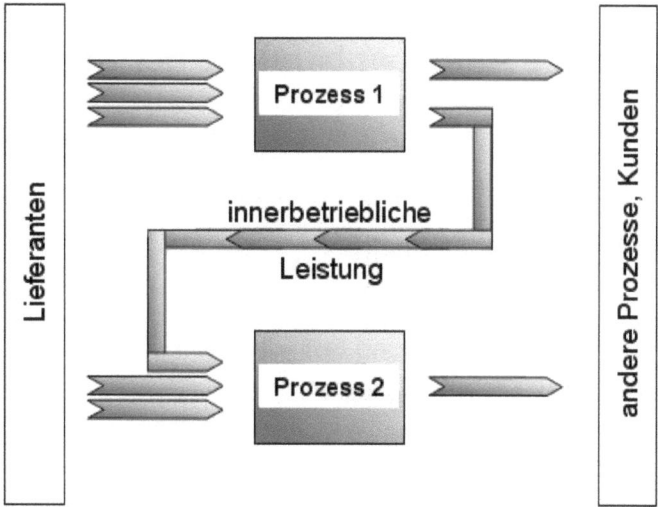

2.7.2   Wechselseitige Leistungsbeziehung

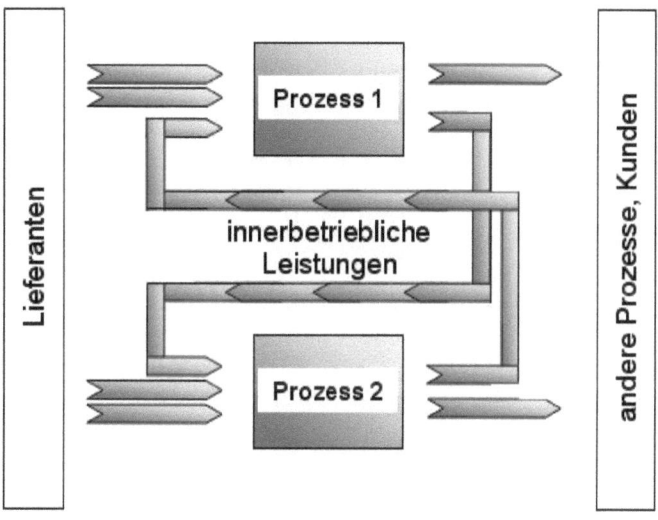

2.8   Zusammenfassung

Die Kostenrechnung hat grundsätzlich die Aufgabe, ein möglichst wirklichkeitsnahes Abbild der betrieblichen Abläufe zu liefern.

Dazu muss man die Produktionsprozesse im Detail analysieren.

Diese Analyse muss ermitteln, welche Produktionsfaktoren und welche Leistungen in welchem Umfang ein- bzw. ausgebracht werden und wie Faktorinput und Leistungsoutput zueinander in Beziehung stehen sowie welche funktionalen Verknüpfungen zwischen beiden bestehen.

3   Grundaufbau der Kostenrechnung

3.1   Grundsätzliche Aufgabenbereiche der Kostenrechnung

Dokumentation
- Abbild der tatsächlich realisierten Unternehmensprozesse
- Kosten und Leistungen / Erlöse

Planung
- Prognoseinformationen
- Vorgabeinformationen

Kontrolle
- Gegenüberstellung Soll – Ist
- Abweichungsanalysen

3.2   Von der Kostenrechnung unterstützte Entscheidungsfelder

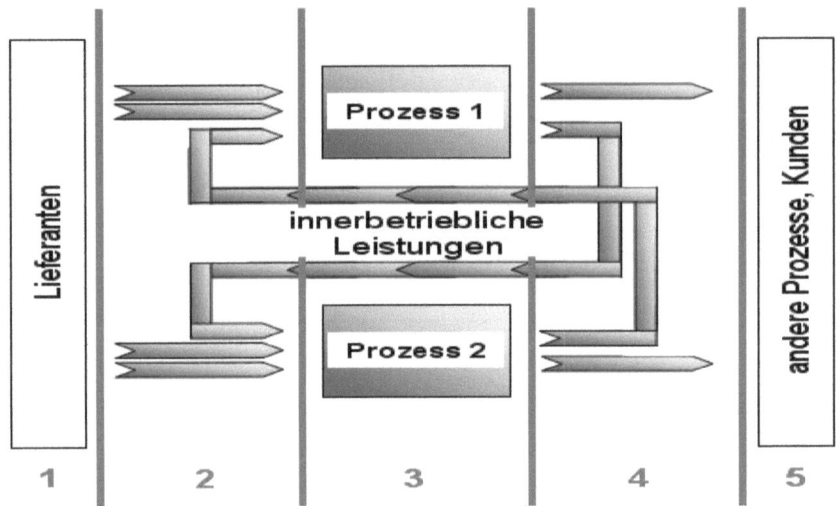

Lieferanten	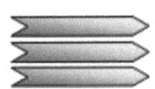	Prozesse	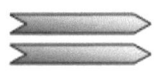	Leistungs-empfänger
Lieferanten-bezogen	**Prod.faktor-bezogen**	**Prozess-bezogen**	**Leistungs-bezogen**	**Empfänger-bezogen**

• Beschaffungs-weg
• Lieferanten-auswahl
• Lieferquoten-festlegung
• Liefertermin-planung
	• Auswahl
	  • Art
	  • Qualität
	  • Menge
	  • Termine
	  ↗ JIT
		• Beurteilung der P.-effizienz
		• Make or Buy
		• Losgrößen
		• Reihenfolge
		• Termine
			• Auswahl
			  • Sparten
			  • Gruppen
			  • Einzel-produkte
			• Qualitäten
			• Produktions- u. Absatzmengen
			• Termine
				• Märkte / Ver-triebsgebiete
				• Vertriebswege
				• Kunden

Von der Kostenrechnung unterstützte unternehmerische Entscheidungen

Kalkulation von Preisen
- 1. Aufgabe der Kostenrechnung
- Preisbildung bei öffentlichen Auftraggebern

Preisauskömmlichkeit
- Preiselastizitäten
- Deckungsbeiträge

Vertriebspolitik
- Analyse und Überwachung von
  - Märkten / Absatz-Kanälen
  - Kundengruppen, Kunden

Produktionsprogrammplanung
- Erfolgsstruktur der Programmkomponenten
- effizienteste Engpassnutzung

Ablaufplanung
- Wirkungsermittlung von
  - Verfahren, Reihenfolgen
  - Losgrößen, Termine

3.3 Kostenrechnerische Bereiche

Die wichtigsten kostenrechnerischen Bereiche sind:

- Kostenartenrechnung

- Kostenstellenrechnung

- Kostenträgerrechnung

3.3.1 Kostenarten

Kostenarten sind zumeist aus der Finanzbuchhaltung übernommen und sind das „Rohmaterial" der Kostenrechnung.

Sie bilden den gesamten kostenrechnungsrelevanten Werteverzehr einer Abrechnungsperiode ab, ohne diesen jedoch - neben seiner artmäßigen Strukturierung - weiter auf bestimmte Verzehrursachen zurückführen zu können.

Was nicht als Kostenart abgebildet wird, kann auch nicht einer Kostenstelle oder einem Kostenträger zugeordnet werden.

3.3.2 Kostenstellen

Kostenstellen sind Teilbereiche eines Unternehmens, für die die von ihnen jeweils verursachten Kosten erfasst und ausgewiesen, ggfls. auch geplant und kontrolliert werden.

Sie sind funktional, organisatorisch oder nach anderen Kriterien voneinander abgegrenzt.

Ohne eine differenzierte Kostenstellenbildung könnte die Kostenrechnung das komplexe Netzwerk der betrieblichen Leistungserstellung nicht richtig abbilden.

Kostenstellen zeichnen Kosten für homogene Leistungsprozesse auf und liefern damit ‚Messlatten' zur Beurteilung der Wirtschaftlichkeit der Leistungserstellung.

Sie dienen zusätzlich als ‚Basisbausteine' der Kostenverrechnung.

Grundsätze zur Bildung von Kostenstellen

- Proportionale Beziehungen zwischen Kosten und Leistungen

- Identität von Kostenstelle und Verantwortungsbereich

- Klare Abgrenzung; eindeutige Kostenstellengliederung

- Differenzierung nur so weit wie wirtschaftlich sinnvoll

Wichtige Arten von Kostenstellen

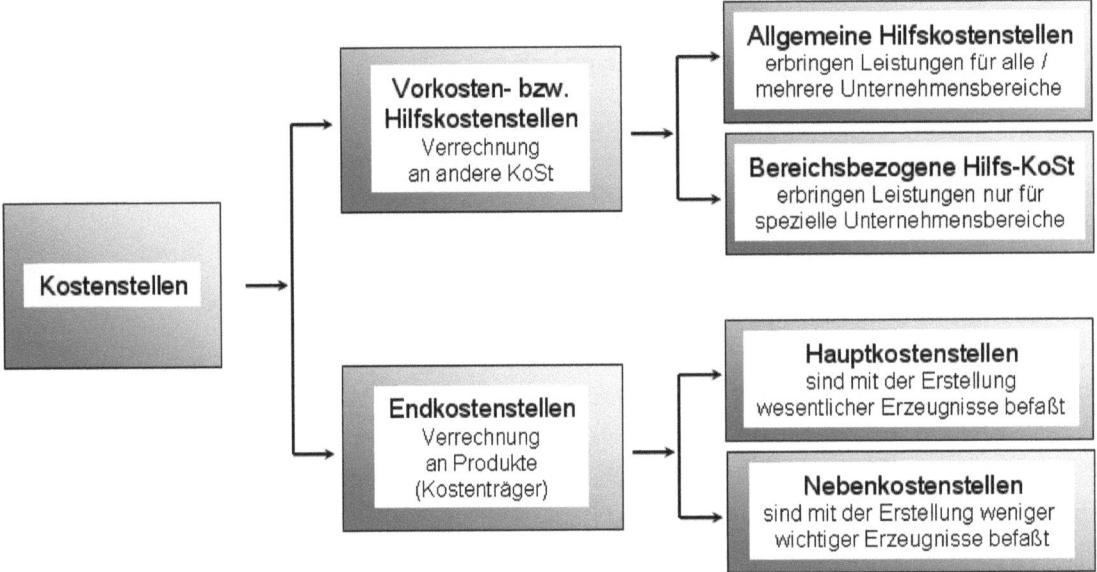

3.3.3 Kostenträger

Kostenträger sind ‚Objekte', die Kosten tragen müssen. Die Kostenträger-Rechnung hat entsprechend zu Aufgabe, Kosten diesen ‚Objekten' zuzurechnen, d.h. zu kalkulieren.

Kostenträger sind typischerweise betriebliche Produkte, d.h. materielle oder immaterielle Absatzleistungen.

Während sich die Kostenstellengliederung an der Organisation des Unternehmens ausrichtet, wird die Strukturierung der Kostenträger unmittelbar von der Strukturierung des Absatzprogramms bestimmt.

3.4 Exkurs: Beispiel Kostenplan

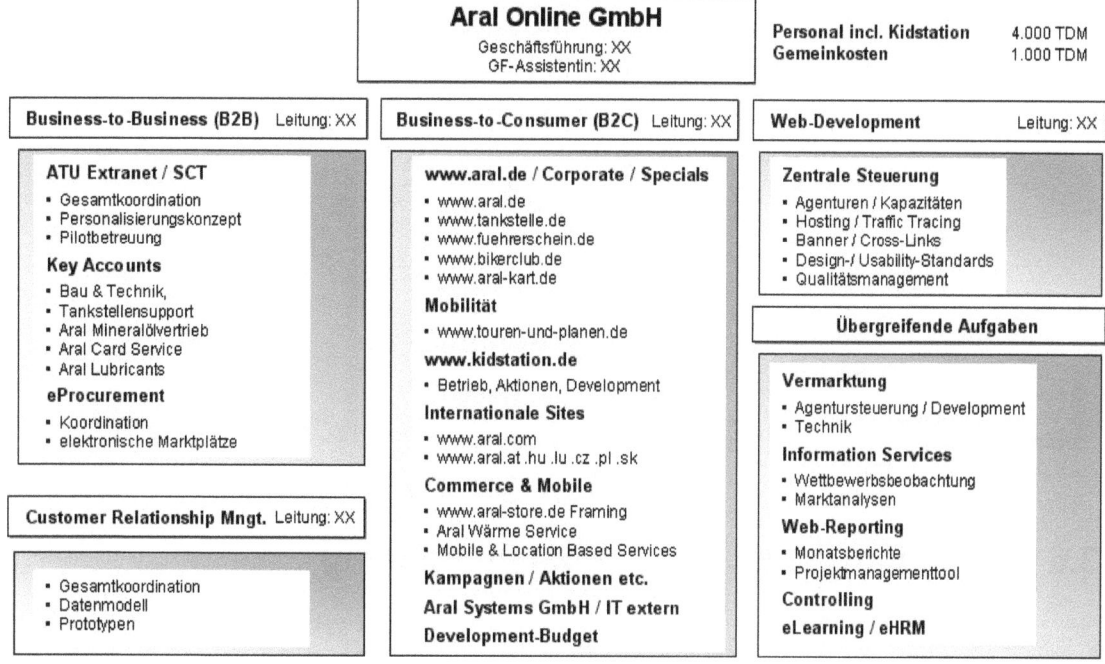

Aufgabe zu Kostenarten und Kostenstellen

Entwickeln Sie aus dem Kostenplan der Aral Online GmbH einen Vorschlag für einen Kostenstellenplan.

Welches sind die hauptsächlichen Kostenarten?

Was kann sich hinter 1 Million DM Gemeinkosten verbergen?

Wo könnten sich Positionen von Hilfskostenstellen verstecken?

Kostenstellen in Realität

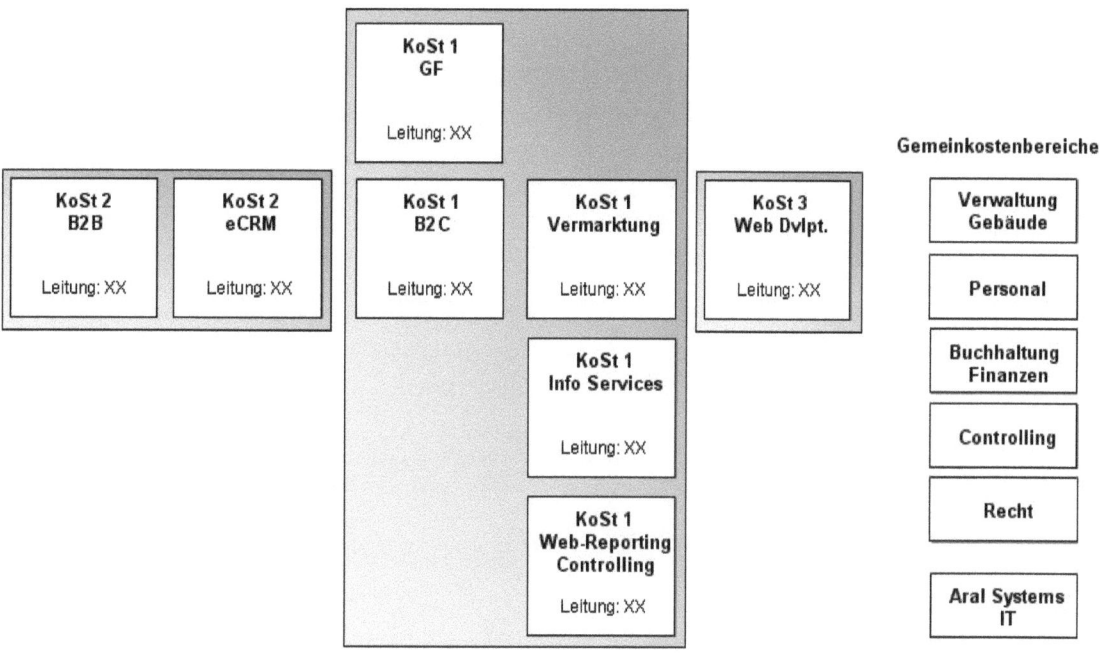

3.5 Traditioneller Grundaufbau der Kostenrechnung

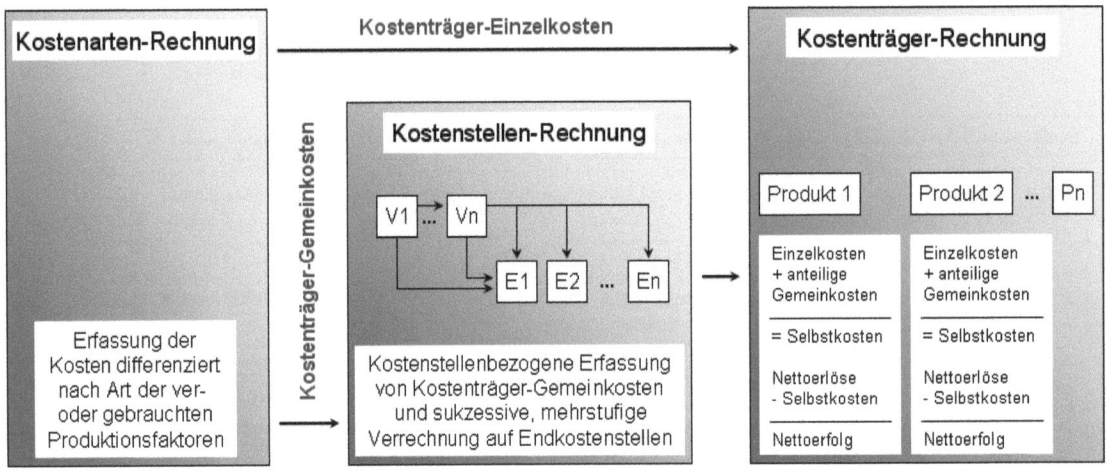

3.6 Rechnungszwecke der Kostenrechnung

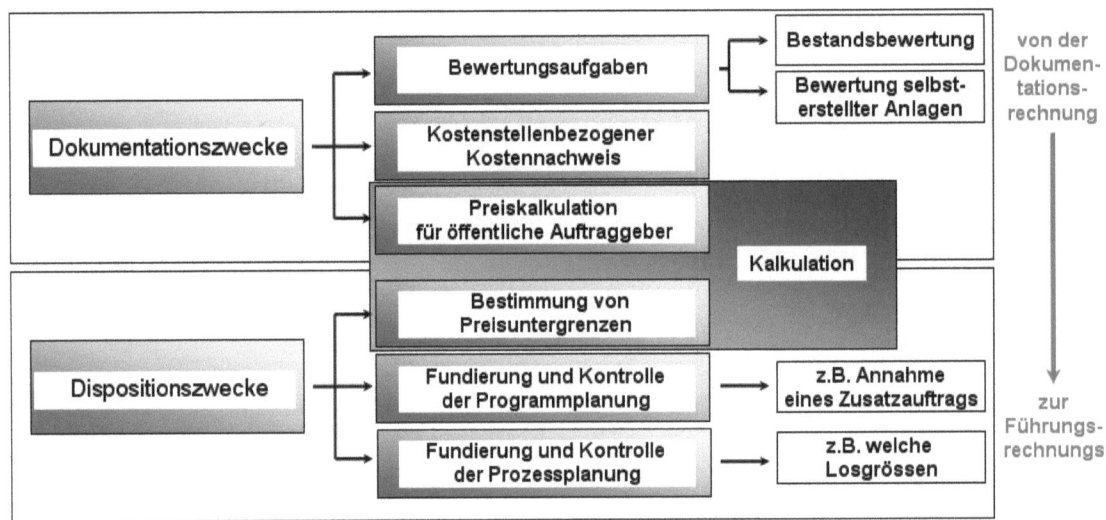

4 Grundformen der Kalkulation von Leistungen

4.1 Grundsätzliche Kennzeichnung des Kalkulationsproblems

Kalkulation bedeutet die Ermittlung der für eine bestimmte Leistung (ein bestimmtes Leistungsquantum) angefallenen Kosten.

Die Addition von Einzelbelegen kann nur stattfinden, wenn eine exakte Einzelerfassung stattfindet (Material, Arbeitszeiten etc.).

Bei der Erfassung der Faktormengen stützt man sich häufig auf Standard- und Erfahrungswerte.

Bei der Bewertung der Faktormengen sind relevante Wertansätze unterschiedlich schwierig zu berechnen.

- Einfach: Anschaffungskosten bspw. für eingebrachtes Material ..... MWSt ?

- Schwieriger: Personalkosten

4.2 Verursachungsprinzip und Marginalprinzip

4.2.1 Verursachungsprinzip

Einem Leistungsquantum werden sämtliche Kosten zugeordnet, die dieses verursacht hat.

Verursachung ist

- bei Repetierfaktoren (Verbrauchsgütern) der bewertete Verbrauch

- bei Potenzialfaktoren (Gebrauchsgütern) die bewertete anteilige Inanspruchnahme.

<u>aber</u>

Was macht man bei „Grenzentscheidungen"?

- Lohnt sich ein bestimmter Zusatzauftrag?

- Wie wirkt sich eine Erhöhung der Produktionsmenge auf den Gewinn aus?

- Welche Kosten fallen weg, wenn der Betrieb stillgelegt wird?

- Soll die Instandhaltung von einem fremden Handwerker oder von der eigenen Instandhaltungstruppe ausgeführt werden?

4.2.2 Marginalprinzip

Einem Leistungsquantum werden genau die Kosten zugeordnet, die nicht entstanden wären, wenn das betreffende Leistungsquantum nicht erstellt worden wäre.

<u>oder</u> (mit anderen Worten)

Es werden genau die Kosten zugeordnet, die allein aufgrund des (zusätzlichen) Leistungsquantums (zusätzlich) entstanden sind.

4.2.3 Gegenüberstellung Verursachungsprinzip – Marginalprinzip

Verursachungsprinzip	Marginalprinzip
• Prinzip zur Bestimmung der Durchschnittskosten einer Leistung • Langfristige Ausrichtung • In der Praxis dominierendes Kostenzurechnungsprinzip	• Prinzip zur Bestimmung der Grenzkosten einer Leistung • Kürzerfristige Ausrichtung • „Basis-" Kostenzurechnungsprinzip von modernen Kostenrechnungssystemen (Grenzplankostenrechnung, Fixkostendeckungsrechnung)

4.2.4 Fallbeispiel Fahrbereitschaft

Die Fahrbereitschaft eines mittelständigen Unternehmens umfasst einen PKW und 1 1/2 Fahrer. Es werden Personentransporte (Chauffeur-Dienste für GF und leitende Angestellte) und Warentransporte (z.B. Abholung dringend benötigter Ersatzteile, Auslieferung spezieller Eilaufträge) durchgeführt.

Die Kosten der Fahrbereitschaft sind:

- Abschreibungen des Fahrzeugs .... 25.000 €
- Benzinkosten .... 5.500 €
- Kfz-Steuern .... 500 €
- Kfz-Versicherung .... 1.500 €
- Instandhaltungskosten des PKW .... 2.500 €
- Gehaltskosten der Fahrer .... 45.000 €

Alle Kosten verstehen sich per annum.

Am 1. Januar zeigt der Tacho 50.000 km, am 31. Dezember sind es 100.000 km.

Welche homogene Leistungseinheit lässt sich für die Inanspruchnahme der Fahrbereitschaft einführen?

Berechnen Sie die Kosten pro Leistungseinheit.

Wie könnte man das Kalkulationsverfahren bezeichnen?

4.3 Divisionskalkulation

Einsatz-gebiet	Kalkulation der Leistungseinheiten eines Einproduktbetriebs oder einer Kostenstelle im Unternehmen, die eine homogene Leistung erbringt.
Kalkulations-vorgehen	Division der für einen Leistungserstellungsprozess in der Abrechnungsperiode angefallenen Kosten durch die Gesamtzahl der in dieser Zeit erstellten Leistungen.
Beurteilung	• Als Verfahren zur Kalkulation der Absatzleistungen eines Unternehmens relativ selten anwendbar (z.B. Zementherstellung) • Als Verfahren zur Kalkulation interner Leistungen sehr häufig eingesetzt • Kommt mit einem Mindestmaß an Erfassungsaufwand aus.

Fallbeispiel Mohrenköpfe Basis

Mohrenkopfkonditor Timotheus J.P. Großmann stellt die saftigsten, süßesten und schokoladenhaltigsten, aber auch die teuersten Mohrenköpfe der Region her.

Er weiß lediglich, dass

- die Summe der insgesamt in der betrachteten Periode (hier: 1 Monat) angefallenen Kosten 25.000 € beträgt

- die Zahl der in dieser Zeit produzierten Mohrenköpfe 88.000 Stück ist.

Was kostet ein Mohrenkopf im Durchschnitt?

Fallbeispiel Mohrenköpfe Spezial

Herr Großmann produziert verschiedene Sorten von Mohrenköpfen, i.e.

- Einfache Mohrenköpfe .... 80.000 Stück
- Mandelmohrenköpfe .... 4.000 Stück
- Kokosmohrenköpfe .... 4.000 Stück

Die zusätzlichen Mandeln kosten 200 €, Kokosflocken kosten 100 €.

Die Produktion der Mohrenköpfe braucht in den Arbeitsschritten Mohrenkopfherstellung und Mohrenkopfbestreuung sehr unterschiedlich lange, d.h. die Inanspruchnahme der Produktionskapazitäten ist relativ zu den zusätzlichen Materialkosten deutlich „schwerwiegender".

Produktionsprozess Mohrenköpfe Spezial

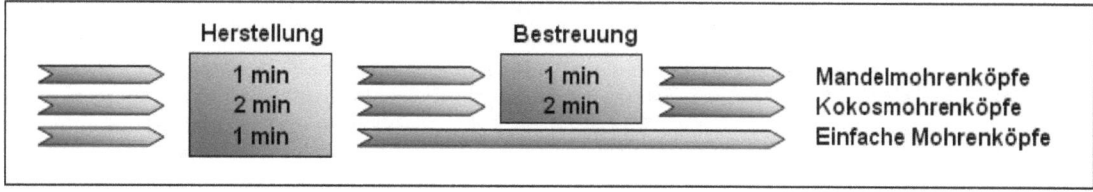

4.4   Äquivalenzahlenkalkulation

Einsatz-gebiet

> Kalkulation der Leistungseinheiten fertigungswirtschaftlich verwandter Produkte eines Mehrproduktbetriebs oder einer Kostenstelle im Unternehmen.

Kalkulations-vorgehen

> Analog Divisionskalkulation unter Vorschaltung eines Vergleichbarmachens der unterschiedlichen Leistungsvarianten durch Äquivalenzzahlen, die Ausdruck für das Maß der jeweiligen Kostenverursachung sind.

Äquivalenzahlenkalkulation Mohrenköpfe Spezial

Schritt 1 - Bestimmung der Äquivalenzzahlen

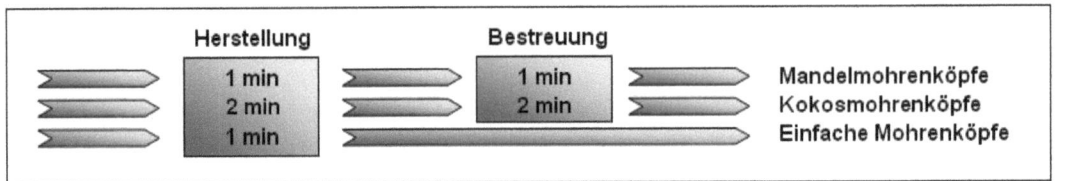

Herstellung	Bestreuung		
1 min	1 min	Mandelmohrenköpfe	2
2 min	2 min	Kokosmohrenköpfe	4
1 min		Einfache Mohrenköpfe	1

Schritt 2 - Bestimmung der Summe der Recheneinheiten

Mandelmohrenköpfe	2 * 4.000 = 8.000
Kokosmohrenköpfe	4 * 4.000 = 16.000
Einfache Mohrenköpfe	1 * 80.000 = 80.000
	104.000 Recheneinheiten

Schritt 3 - Bestimmung der Kosten pro Recheneinheit

Mandelmohrenköpfe	2 * 4.000 = 8.000
Kokosmohrenköpfe	4 * 4.000 = 16.000
Einfache Mohrenköpfe	1 * 80.000 = 80.000
	104.000 Recheneinheiten

25.000 €   ÷   104.000 Recheneinheiten   =   0,24 €

Schritt 4 - Bestimmung der Kosten pro Mohrenkopfsorte

Mandelmohrenköpfe	2 * 0,24 € = 0,48 €
Kokosmohrenköpfe	4 * 0,24 € = 0,96 €
Einfache Mohrenköpfe	1 * 0,24 € = 0,24 €

Beurteilung

> - Als Verfahren zur Kalkulation der Absatzleistungen eines Unternehmens relativ selten anwendbar
> - Als Verfahren zur Kalkulation interner Leistungen häufiger eingesetzt
> - Erfordert mehr Erfassungsaufwand als Divisionskalkulation, jedoch deutlich weniger als andere Verfahren zur Kalkulation inhomogener Leistungsarten.

4.5 Kalkulation unterschiedlicher Leistungen

Erbringt ein Leistungserstellungsprozess unterschiedliche Leistungsarten, so sind diese zumeist zu verschieden, um via feststehender Austauschverhältnisse gleichnamig gemacht zu werden.

Beispiele:

- Lager: unterschiedliche Lagermittel (Behälter, Paletten, Gestelle) unterschiedliche Größen

- Webstuhl: unterschiedliche Stoffsorten mit div. Webgeschwindigkeiten und Reißfestigkeit (Zahl der Unterbrechungsprozesse)

- Instandhaltung (außer bei regelmäßig zu erbringen Inspektions- und Wartungsarbeiten)

4.6 Verrechnungssatzkalkulation

Die Kosten einzelner Kostenstelle werden proportional zu deren Leistungsvolumen verrechnet.

Man bezieht die kostenstellenbezogen erfassten Kosten auf die Kostenstellenleistung und ermittelt so die leistungsbezogenen Verrechnungssätze.

Während man bei der Divisionskalkulation stets versucht, die ausgebrachte Leistungsmenge direkt (outputorientiert) zu messen, steht bei einer Verrechnungssatzkalkulation die Messung der Prozessinanspruchnahme im Vordergrund.

Einsatz-gebiet	Kalkulation heterogener Leistungen eines Leistungserstellungsprozesses
Kalkulations-vorgehen	Einzelne erbrachte (heterogene) Leistungen als Kalkulationsobjekte; Verrechnung der Kosten auf die Leistungen gemäß der mit Hilfe bestimmter Maßgrößen (d.h. einer oder mehrerer Bezugsgrößen) repräsentativ erfassten Inanspruchnahme der Prozesskapazität.

Fallbeispiel Mohrenköpfe Spezial

Eine genauere Kostenbetrachtung differenziert nach Materialkosten und Fertigungskosten und bringt folgende Ergebnisse:

- Schokolade, Zuckermasse und Böden ... 2.200 €
- Mandeln .... 200 €
- Kokos .... 100 €

An Fertigungskosten verbleiben damit 22.500 €, die sich wie folgt aufteilen:
- Herstellung .... 14.000 €
- Bestreuung .... 8.500 €

Verrechnungssatzkalkulation Mohrenköpfe Spezial

Schritt 1 - Ermittlung der Gesamtkapazität der Prozesse

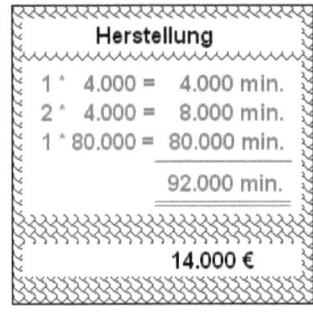
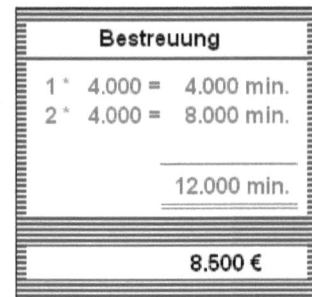

	Herstellung	Bestreuung
Mandelmohrenköpfe	1 * 4.000 = 4.000 min.	1 * 4.000 = 4.000 min.
Kokosmohrenköpfe	2 * 4.000 = 8.000 min.	2 * 4.000 = 8.000 min.
Einfache Mohrenköpfe	1 * 80.000 = 80.000 min.	
Leistungssumme	92.000 min.	12.000 min.
Kostensumme	14.000 €	8.500 €

Schritt 2 - Ermittlung der Verrechnungssätze

	Herstellung	Bestreuung
Kostensumme	14.000 €	8.500 €
Leistungssumme	92.000 min.	12.000 min.
Kostensumme	0,15 € p. min.	0,71 € p. min.

Schritt 3 - Durchführung der Verrechnungssatzkalkulation

	Herstellung	Bestreuung	Σ Prozesskosten
Mandelmohrenköpfe	1 min * 0,15 €/min = 0,15 €	1 min * 0,71 €/min = 0,71 €	0,86 €
Kokosmohrenköpfe	2 min * 0,15 €/min = 0,30 €	2 min * 0,71 €/min = 1,42 €	1,72 €
Einfache Mohrenköpfe	1 min * 0,15 €/min = 0,15 €		0,15 €

Nicht vergessen - Materialkosten

	Bestreuungsmaterial	Schokolade Zucker Böden		Σ Prozesskosten	Σ
Mandelmohrenköpfe	200 € ÷ 4.000 = 0,050 €	für alle	2.200 € = 0,025 €	0,860 €	0,935 €
Kokosmohrenköpfe	100 € ÷ 4.000 = 0,025 €	Sorten ÷	= 0,025 €	1,720 €	1,770 €
Einfache Mohrenköpfe		gleich	88.000 = 0,025 €	0,150 €	0,175 €

Beurteilung

- In Form der Maschinenstundensatzrechnung in Deutschland sehr verbreitetes Verfahren zur Kalkulation von Fertigungsprozessen
- Setzt eine detaillierte Leistungserfassung voraus
- Kann durch die Möglichkeit zur Bildung mehrerer Verrechnungssätze eine sehr genaue Kostenzuordnung sicherstellen.

4.7   Zuschlagskalkulation

Die Kosten eines Leistungserstellungsprozesses werden in 2 Gruppen unterteilt.

Einzelkosten können den erstellten Leistungen direkt zugerechnet werden.

Als Gemeinkosten werden Kosten bezeichnet, bei denen eine derartige (direkte) Zurechnung nicht möglich ist.

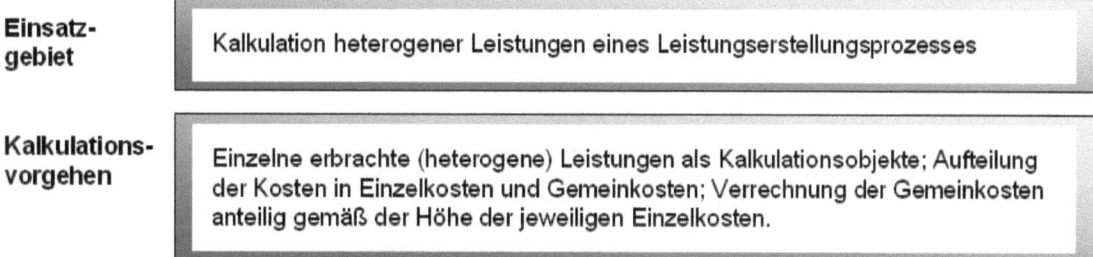

Einsatz-gebiet	Kalkulation heterogener Leistungen eines Leistungserstellungsprozesses
Kalkulations-vorgehen	Einzelne erbrachte (heterogene) Leistungen als Kalkulationsobjekte; Aufteilung der Kosten in Einzelkosten und Gemeinkosten; Verrechnung der Gemeinkosten anteilig gemäß der Höhe der jeweiligen Einzelkosten.

Fallbeispiel Mohrenköpfe Spezial

Eine genauere Betrachtung differenziert die Lohnkosten wie folgt:

In der Herstellung arbeiten überwiegend Facharbeiter, die Summe Lohnkosten für diese Facharbeiter beträgt monatlich 8.403 €.

Der Hilfsarbeiter ist allein mit der Fertigung derjenigen Mohrenköpfe beschäftigt, die zur Kokossorte weiterverarbeitet werden, Lohnkosten 1.147 €.

In der Bestreuung fallen folgende Kosten an:

- Mandelbeschichtung (Geselle auf Stundenbasis) ....   2.043 €
- Kokosbeschichtung (Facharbeiter) ....   1.857 €

Zuschlagskalkulation Mohrenköpfe Spezial

Schritt 1 - Differenzierung Einzelkosten und Gemeinkosten

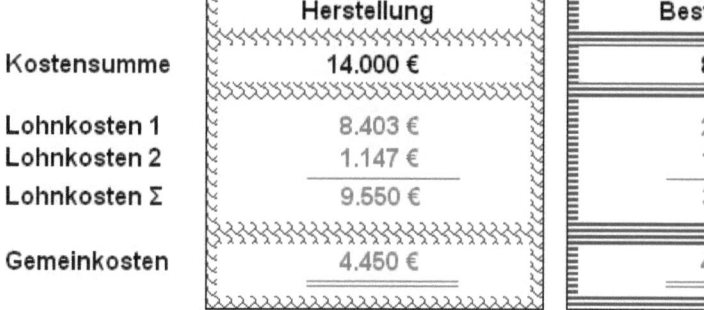

	Herstellung	Bestreuung
Kostensumme	14.000 €	8.500 €
Lohnkosten 1	8.403 €	2.043 €
Lohnkosten 2	1.147 €	1.857 €
Lohnkosten Σ	9.550 €	3.900 €
Gemeinkosten	4.450 €	4.600 €

Schritt 2 - Bildung von Gemeinkostenzuschlägen

	Herstellung	Bestreuung
Gemeinkosten	4.450 €	4.600 €
	+	+
Lohnkosten Σ	9.550 €	3.900 €
	46,60 %	117,95 %

d.h., in der Herstellung entfallen auf 1 € Lohn etwas mehr als 46 Cent Gemeinkosten

in der Bestreuung übersteigen die Gemeinkosten die Einzelkosten (in der Praxis typisch)

Schritt 3 - Verrechnung der Gemeinkostenzuschläge - Stufe 1

	einfach	Mandel	Kokos	Summe	Einheit
Zahl der hergestellten Mohrenköpfe	80.000	4.000	4.000	88.000	Stück

	einfach	Mandel	Kokos	Summe	Einheit
Fertigungszeit	80.000	4.000	8.000	92.000	min
Fertigungslöhne	0,100035714	0,100035714	0,143375		€ pro min.
Facharbeiter (einfach / Mandel)				8.403,00	€
Hilfsarbeiter (Kokos)				1.147,00	€
Summe Fertigungslöhne	8.002,86	400,14	1.147,00	9.550,00	€
Gemeinkosten	3.729,08	186,45	534,47	4.450,00	€ 46,60%
Fertigungskosten Herstellung	11.731,94	586,60	1.681,47	14.000,00	€

Schritt 3 - Verrechnung der Gemeinkostenzuschläge - Stufe 2

	einfach	Mandel	Kokos	Summe	Einheit
Zahl der hergestellten Mohrenköpfe	80.000	4.000	4.000	88.000	Stück

	einfach	Mandel	Kokos	Summe	Einheit
Fertigungszeit		4.000	8.000	12.000	min
Fertigungslöhne		0,51075	0,232125		€ pro min.
Geselle (Mandel)				2.043,00	€
Facharbeiter (Kokos)				1.857,00	€
Summe Fertigungslöhne		2.043,00	1.857,00	3.900,00	€
Gemeinkosten		2.409,69	2.190,31	4.600,00	€ 117,95%
Fertigungskosten Beschichtung		4.452,69	4.047,31	8.500,00	€

Nicht vergessen - Materialkosten

	einfach	Mandel	Kokos	Summe	Einheit
Zahl der hergestellten Mohrenköpfe	80.000	4.000	4.000	88.000	Stück

	einfach	Mandel	Kokos	Summe	Einheit
Fertigungskosten Herstellung	11.731,94	586,60	1.681,47	14.000,00	€
Fertigungskosten Beschichtung		4.452,69	4.047,31	8.500,00	€
Fertigungskosten gesamt	11.731,94	5.039,29	5.728,77	22.500,00	€
Materialkosten	2.000,00	300,00	200,00	2.500,00	€
Gesamtkkosten	13.731,94	5.339,29	5.928,77	25.000,00	€
Kosten pro Stück	0,17	1,33	1,48	0,28	€ pro Stk.

Beurteilung

- Als Lohnzuschlagskalkulation zur Verrechnung von Fertigungsprozessen in der Praxis (noch) verbreitet, bei Zuschlagsätzen von > 1000% aber problematisch
- Zur Verrechnung der Kosten von Material-, Verwaltungs- und Vertriebsbereichen fast ausschließlich angewandtes Kalkulationsverfahren
- Setzt detaillierte Leistungserfassung voraus.

4.8   Grundfragen der Kalkulation im Überblick

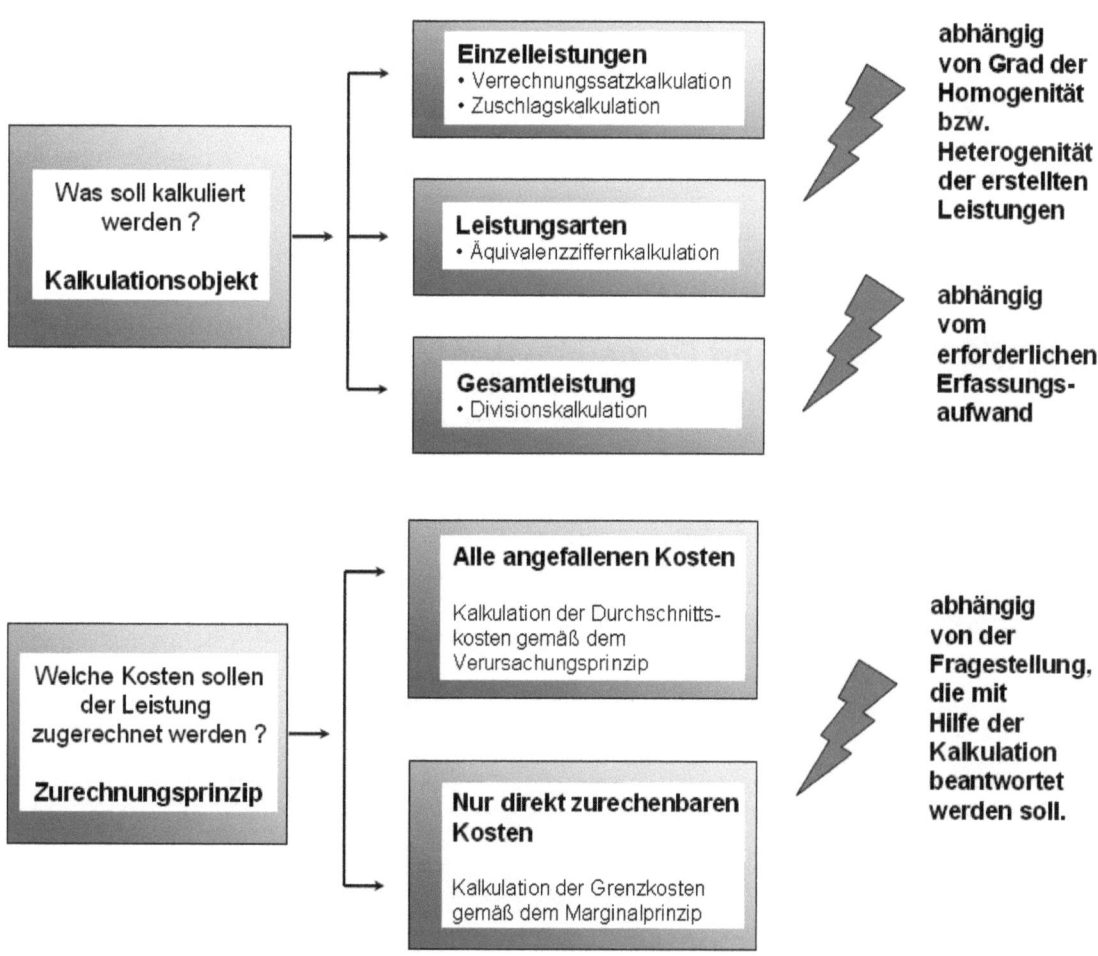

5   Kosten- und Erlösarten

5.1   Aufgabe der Kostenartenrechnung

Die Kostenartenrechnung hat die Aufgabe, sämtliche für die Erstellung und Verwertung betrieblicher Leistungen innerhalb einer Periode anfallenden Kosten

- vollständig

- eindeutig und

- überschneidungsfrei

nach einzelnen Kostenarten gegliedert zu erfassen und auszuweisen.

5.2   Merkmale der Kosten

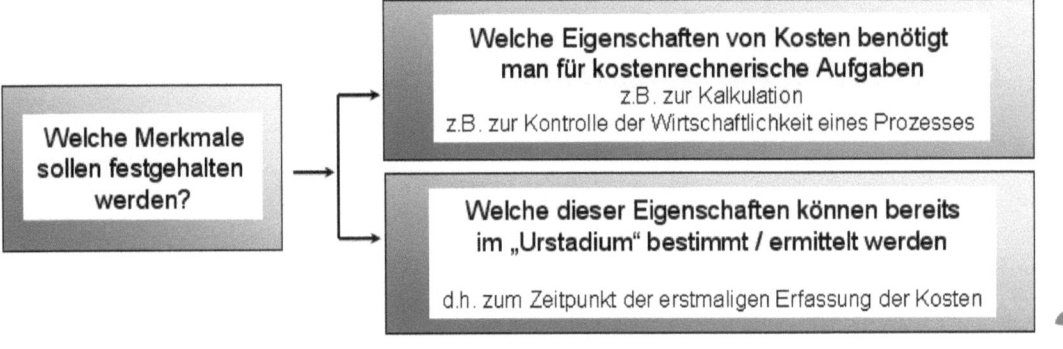

5.3   Einzelkosten und Gemeinkosten

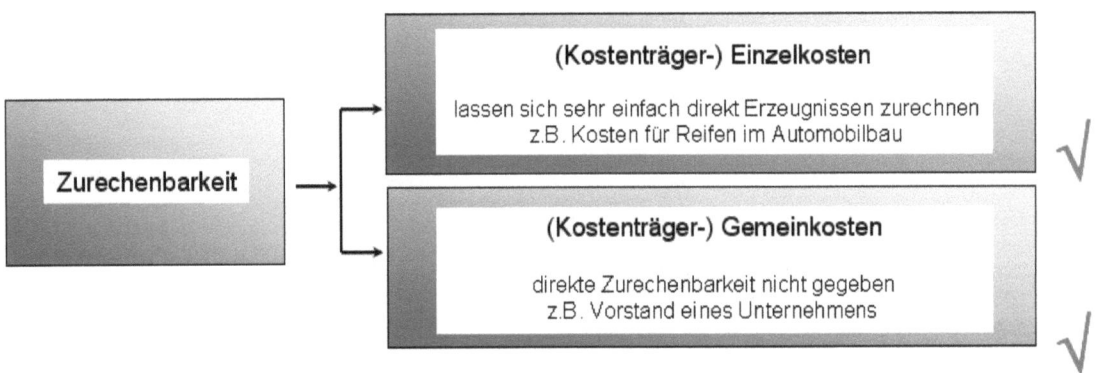

5.4   Variable Kosten und fixe Kosten

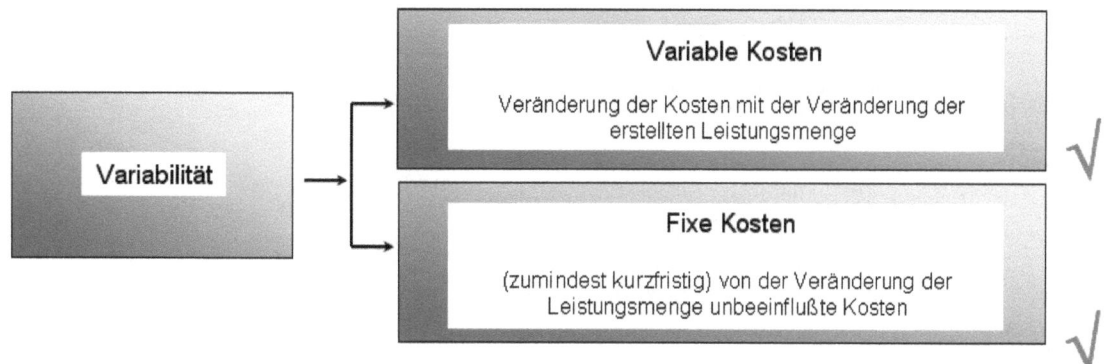

5.5   „Klassischer" Verlauf von Kosten

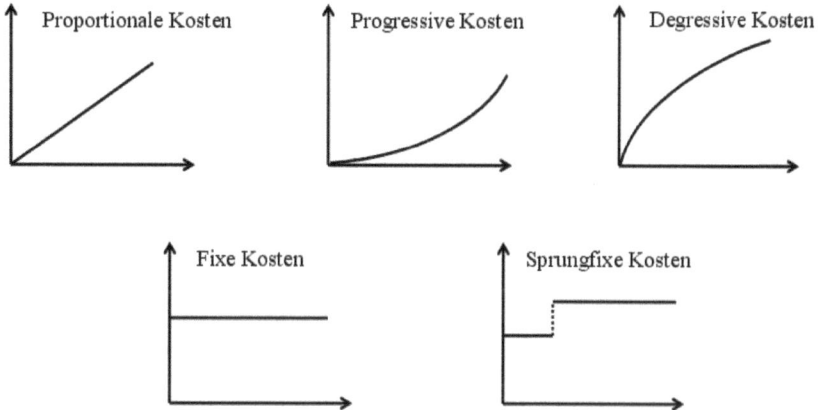

5.6   Übernahme aus der Finanzbuchhaltung

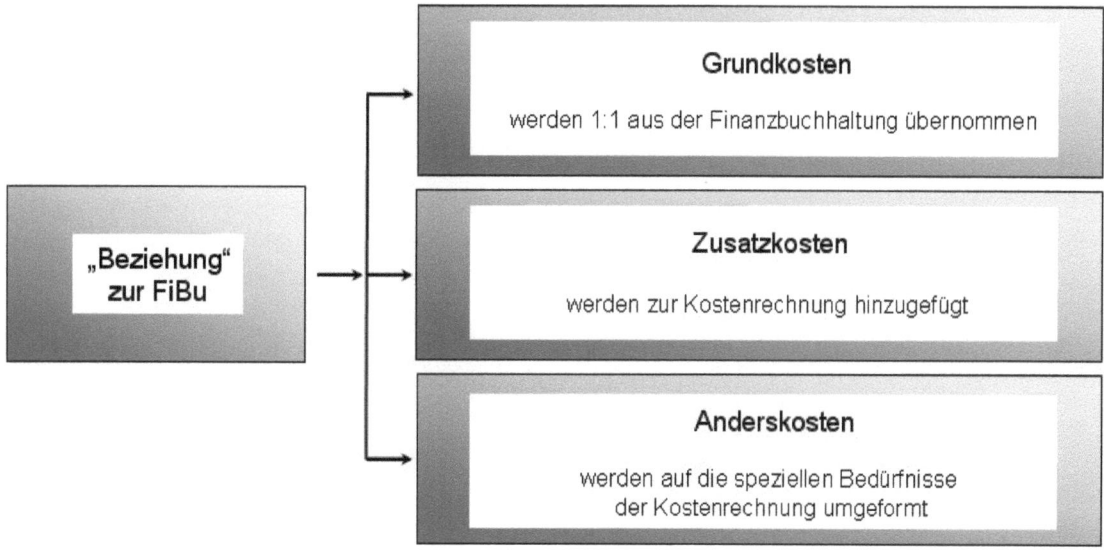

Abgrenzung Grundkosten – Zusatzkosten

Periodenaufwand		
Neutraler Aufwand Kein Leistungsbezug: betriebsfremder Aufwand Sachl. Normalisierung: außerordentlicher Aufwand Zeitl. Normalisierung: periodenfremder Aufwand	Zweckaufwand	
	Grundkosten	**Zusatzkosten** - kalk. Zinsen - kalk. Unternehmerlohn - kalk. Abschreibung - kalk. Wagnisse
	Summe Periodenkosten für Produktionsleistung	

5.7   Wichtige Kostenarten

5.7.1 Anlagenkosten

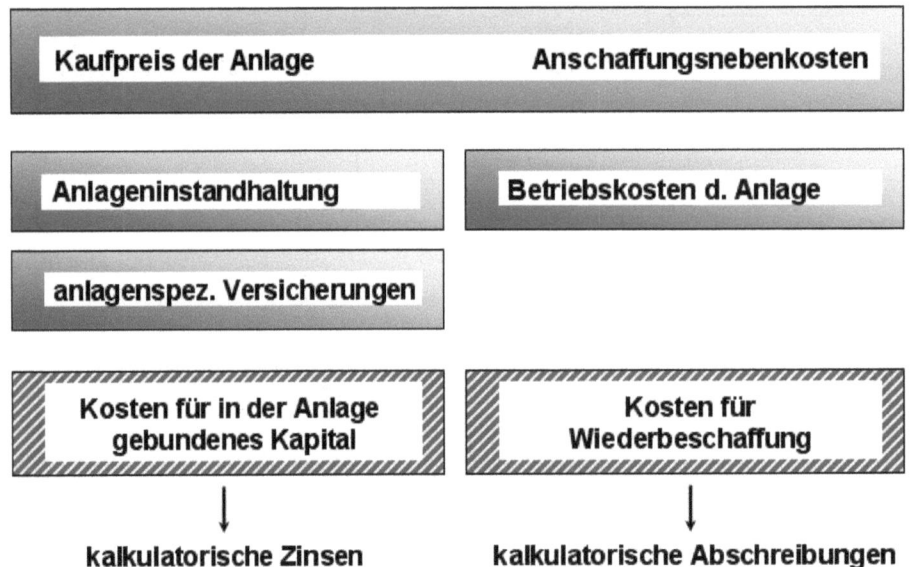

5.7.2 Materialkosten

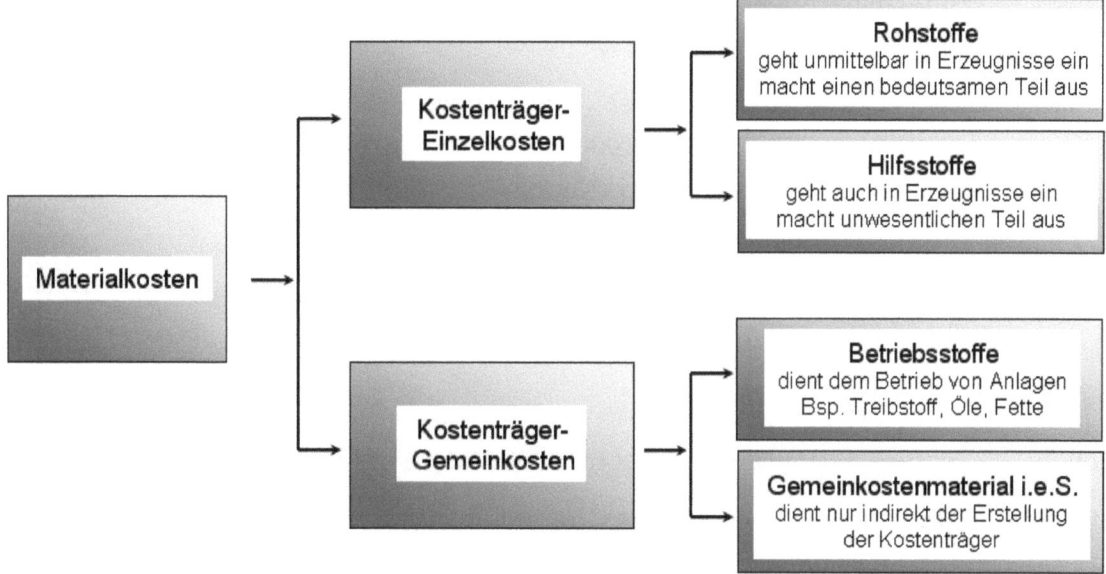

5.7.2.1 Bewertung von Materialverbräuchen

Das Rechnen mit tatsächlichen Anschaffungskosten (Ist-Werten) hätte aufgrund häufiger Materialpreisschwankungen ständige Anpassungen der Kostenwerte zur Folge.

In der Praxis ist deshalb das Rechnen mit Standardwerten im Sinne durchschnittlicher Anschaffungswerte häufig verbreitet.

5.7.2.2 Erfassungsmethoden von Materialverbräuchen im Überblick

Festwertmethode

Vorgehen: Verbrauch = Zugang

Beurteilung: sehr ungenau

Anwendung: betragsmäßig wenig bedeutsame Betriebsstoffe, Gemeinkostenmaterial

Inventurmethode

Vorgehen: Verbrauch = Anfangsbestand + Zugänge – Endbestand

Beurteilung: nicht zeitnah (oder aufwändig); trennt nicht zwischen ordentlichem und außerordentlichem Verbrauch

Anwendung: zumeist nur in Kombination mit anderen Verfahren eingesetzt

Rückrechnung

Vorgehen: Verbrauch = Standardverbrauch pro Leistungseinheit (z.B. laut Stückliste) x Zahl erstellter Leistungseinheiten

Beurteilung: sehr einfach zu handhaben; kann keine Abweichungen des Istverbrauchs vom Standardverbrauch erfassen; setzt Bestimmung von Standardverbrauch je Leistungsart voraus

Anwendung: alternativ zur Skontration zur Einsparung von Erfassungskosten

Skontration

Vorgehen: Verbrauch wird direkt erfasst (z.B. mit Materialentnahmescheinen)

Beurteilung: vergleichsweise aufwändiges Verfahren; lässt Teil des außerordentlichen Verbrauchs nicht erkennen

Anwendung: häufig bei der Erfassung von Rohstoffverbrauch eingesetzt

[Aufgabe]

In einem Betrieb des produzierenden Gewerbes werden dem Lager fremdbezogene Fertigteile zugeführt und für die laufende Produktion entnommen.

In den Aufzeichnungen werden die zahlenmäßigen Zu- und Abgänge sowie die Einkaufspreise der Zugänge für den Zeitraum vom 1. bis 15. August d.J. folgendermaßen erfasst:

	Abgänge	Zugänge	EK pro Stück
Anfangsbestand 1.8.		2.500	50,- €
Zugang am 2.8.		1.700	75,- €
Abgang am 3.8.	1.500		
Zugang am 6.8.		1.200	60,- €
Abgang am 8.8.	1.800		
Abgang am 12.8.	1.300		
Zugang am 13.8.		1.250	80,- €
Abgang am 14.8.	1.600		

Berechnen Sie den mengenmäßigen Verbrauch nach der Skontrationsmethode.

a)   Bewerten Sie den Verbrauch für alle Abgänge bis zum 14.8.
       nach gewogenen Durchschnittspreisen

Vorgang	Datum	Anfangs-bestand	p.Stk.	Wert gesamt	Zugang Abgang (-)	p.Stk.	Wert gesamt	End-bestand	Wert gesamt	gewogene Ø-Preise
Anfangsbestand	1.8.	2.500	50,00 €	125.000,00 €	-	0,00 €	0,00 €	2.500	125.000,00 €	50,00 €
Zugang	2.8.	2.500	50,00 €	125.000,00 €	1.700 €	75,00 €	127.500,00 €	4.200	252.500,00 €	60,12 €
Abgang	3.8.	4.200	60,12 €	252.500,00 €	-1.500 €	60,12 €	-90.178,57 €	2.700	162.321,43 €	60,12 €
Zugang	6.8.	2.700	60,12 €	162.321,43 €	1.200 €	60,00 €	72.000,00 €	3.900	234.321,43 €	60,08 €
Abgang	8.8.	3.900	60,08 €	234.321,43 €	-1.800 €	60,08 €	-108.148,35 €	2.100	126.173,08 €	60,08 €
Abgang	12.8.	2.100	60,08 €	126.173,08 €	-1.300 €	60,08 €	-78.107,14 €	800	48.065,93 €	60,08 €
Zugang	13.8.	800	60,08 €	48.065,93 €	1.250 €	80,00 €	100.000,00 €	2.050	148.065,93 €	72,23 €
Abgang	14.8.	2.050	72,23 €	148.065,93 €	-1.600 €	72,23 €	-115.563,66 €	450	32.502,28 €	72,23 €
Endbestand	14.8.	450	72,23 €	32.502,28 €	-	0,00 €	0,00 €	450	32.502,28 €	72,23 €

b)   Bewerten Sie den ersten Abgang am 3.8. alternativ

      1) nach dem Prinzip Last-in-First-out (LiFo)

      2) nach dem Prinzip First-in-First-out (FiFo)

      3) nach dem Prinzip Highest-in-First-out (HiFo)

Vorgang	Datum	Anfangs-bestand	p.Stk.	Wert gesamt	Zugang Abgang (-)	p.Stk.	Wert gesamt	End-bestand	Wert gesamt
Anfangsbestand	1.8.	2.500	50,00 €	125.000,00 €	-	0,00 €	0,00 €	2.500	125.000,00 €
Zugang	2.8.	2.500	50,00 €	125.000,00 €	1700	75,00 €	127.500,00 €	4.200	252.500,00 €
Alternative Last-in-First-out									
Abgang	3.8.	4.200	60,12 €	252.500,00 €	-1500	75,00 €	-112.500,00 €	2.700	140.000,00 €
								2.500	125.000,00 €
								200	15.000,00 €
Alternative First-in-First-out									
Abgang	3.8.	4.200	60,12 €	252.500,00 €	-1500	50,00 €	-75.000,00 €	2.700	177.500,00 €
								1.000	50.000,00 €
								1.700	127.500,00 €
Alternative Highest-in-First-out									
Abgang	3.8.	4.200	60,12 €	252.500,00 €	-1500	75,00 €	-112.500,00 €	2.700	140.000,00 €
								2.500	125.000,00 €
								200	15.000,00 €

c) Wann würden Sie das FiFo- bzw. das HiFo-Verfahren wählen?

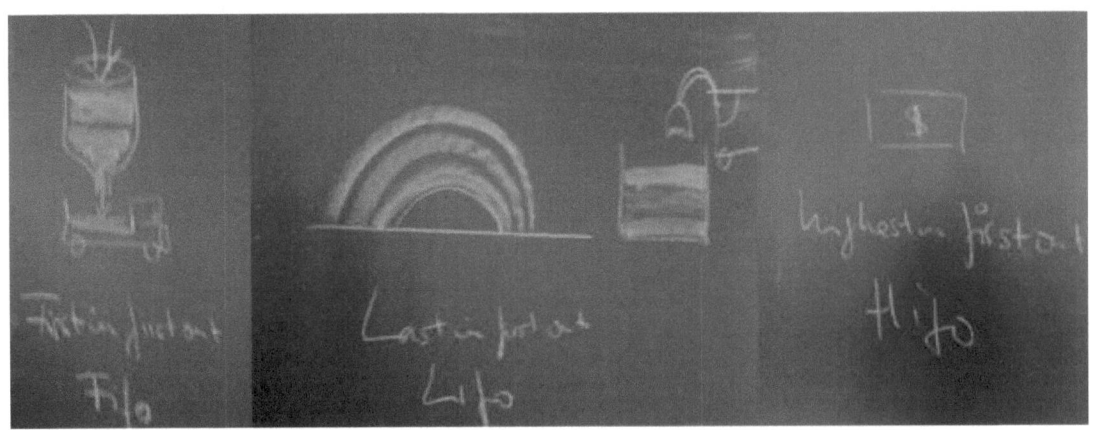

5.7.3 Personalkosten

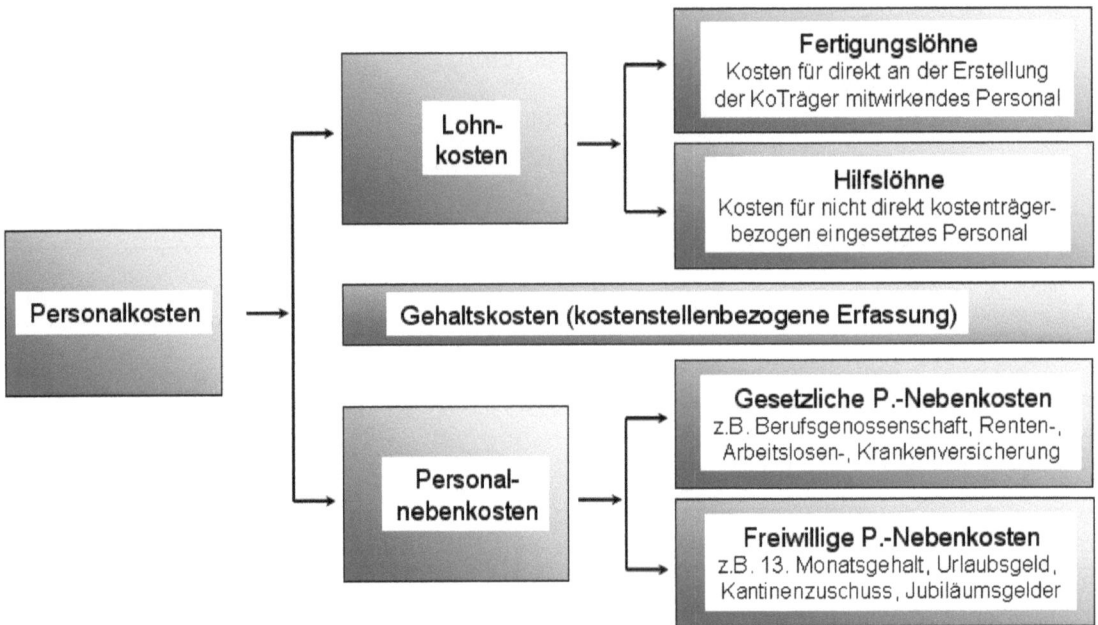

5.8 Erlöse

Relativ geringe Aufmerksamkeit im internen Rechnungswesen.

In der externen Rechnungslegung gelten zwei unterschiedliche Zeitpunkte für die Realisierung von Erlösen, i.e.

- Zeitpunkt der Rechnungsstellung – bei Verkauf von Leistungen an Dritte

- Zeitpunkt des Lagerzugangs – Wertansatz in Höhe der Herstellungskosten

In der Praxis übliche Erlösschmälerungen werden unterschiedlich erfasst und behandelt; hier Erlösschmälerungen im Überblick:

Rabatte

Erläuterung: Nachlass in Form von Mengenrabatten, Kundenrabatten, Aktionsrabatten, etc.

Erfassung: bei Rechnungsstellung, direktes Absetzen vom Basispreis, kein Eingang ins Rechnungswesen

Kundenskonti

Erläuterung: Nachlass bei Einhalten vorgegebener (kürzerer) Zahlungsziele

Erfassung: grundsätzlich bei Zahlungseingang; aus Gründen der Verminderung des Erfassungsaufwandes auch als Standardsatz direkt bei Rechnungsstellung

Boni

Erläuterung: Nachlass bei Erreichen (vereinbarter) Umsatzgrößen

Erfassung: am Periodenende; keine direkte Zuordnung zum Einzelerlös (wirtschaftlich) möglich; verrechnet als Standardsatz aufgrund von Erwartungen

Konventionalstrafen

Erläuterung: Erlösschmälerung aufgrund schuldhafter Nicht-Einhaltung vereinbarter Leistungsmerkmale (z.B. Liefertermin)

Erfassung: als „Negativ-Erlös"; in der Praxis zumeist Erfassung in der Kostenrechnung

6   Kostenplanung und -kontrolle

Nach der Einführung von Modellen zur Unternehmensgesamtplanung in den 20er Jahren wurde später die Planung von Zahlungen und Erfolgsgrößen eingeführt. Hierfür war u.a. eine für jeden einzelnen Verantwortungsbereich erfolgende, kostenstellenbezogene Kostenplanung erforderlich.

Valide geplante Kostenwerte werden als einzuhaltende Budgetwerte verwendet. Damit wird jedes wirtschaftliche Aktionszentrum im Unternehmen, jeder einzelne Kostenstellenleiter auf die sich im Gesamtplan ausdrückenden Unternehmensziele fest ausgerichtet.

Eine Planung erfordert zwangsläufig eine Kontrolle, denn nur Kontrollen verhindern Plan-Ist-Abweichungen bzw. liefern durch Analysen aufgetretener Abweichungen wertvolle neue Erkenntnisse. Kontrolle ohne valide Planung sagt aber z.B. nichts darüber aus, ob der Kostenanfall sinnvoll war („Schlendrian-Effekt").

In größeren Unternehmen sind komplexe Budgetprozesse durchaus üblich (z.T. über 6 Monate). Es werden - ausgehend von den erwarteten Absatzmengen -

- die von den einzelnen Kostenstellen zu erbringenden Leistungen bestimmt (innerbetrieblich oder absatzbestimmt)

- für diese anschließend die anzuwendenden Produktionsprozesse beplant,

- für diese die erforderlichen Produktionsfaktormengen ermittelt und

- die daraus resultierenden Kosten berechnet.

6.1   Abweichungsanalyse

An die Kostensumme ist der Kostenstellenleiter für die Planungsperiode fest gebunden, er darf sie nur in begründeten Ausnahmefällen überschreiten und muss auftretende Abweichungen verantworten.

Die Analyse der Abweichungen stellt am Periodenende geplante und realisierte Kosten gegenüber, quantifiziert die Abweichungen und ermittelt durch bestimmte Verfahrensmethodiken, warum die Abweichungen aufgetreten sind und wer für diese Ursachen verantwortlich ist.

Hiermit soll die Abweichungsanalyse nicht primär die Maßregelung der Verantwortlichen bewirken, sondern Maßnahmen anstoßen, die helfen, die Abweichungen in Zukunft zu vermeiden.

Ausnahme: Aldi

Aldi „spart" sich den aufwendigen Budgetierungsprozess. Die Steuerung und Kontrolle der Erfolgsfaktoren des Geschäfts ist so perfektioniert und zeitnah organisiert, dass eine Planung „überflüssig" wird.

Im Einzelnen werden gesteuert

- Filialdichte (pro km² oder x-tausend Einwohner)

- Erfolg jedes Einzelprodukts

- Personalstärke < 5 Mitarbeiter p. Filiale

6.2 Kostenauflösung

Unter Kostenauflösung versteht man eine Spaltung der zur Leistungserstellung anfallenden Kosten in solche, die sich mit dem Leistungsvolumen in ihrer Höhe verändern, und solche, die von solchen Veränderungen in ihrer Höhe unbeeinflusst sind. Danach werden die Kosten in Abhängigkeit vom Leistungsvolumen als Funktion dargestellt.

Zur Vereinfachung

- unterstellt man für variable Kosten einen linearen Verlauf (= proportional)

- werden alle nicht variablen Kosten als fix angesetzt

- werden Kostenremanenzeffekte nicht berücksichtigt.

6.3 Kostenremanenz

Bei variablen Kosten geht man zur Vereinfachung davon aus, dass dieselbe funktionale Beziehung zwischen Beschäftigung und Kosten bei der Beschäftigungsausweitung wie beim Beschäftigungsrückgang besteht.

In der Praxis können typischerweise Kosten schneller aufgebaut als wieder abgebaut werden. Dieses Phänomen bezeichnet man als Kostenremanenz.

Betroffen sind insbesondere proportionalisierte sprungfixe Kosten (z.B. Personal).

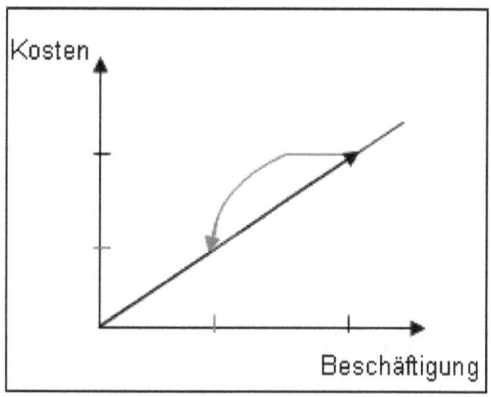

6.4 Plankostenrechnung

Die Plankosten werden in Beziehung zu einem (erwarteten) Beschäftigungsgrad gesetzt oder unter Zugrundelegung einer mittels Kostenauflösung gewonnenen Kostenfunktion ermittelt.

6.4.1 Starre Plankostenrechnung

Die starre Plankostenrechnung verrechnet ihre Kosten gemäß dem Durchschnittsprinzip an die Empfänger ihrer Leistungen weiter.

Hierzu wird auf Basis der Plankosten und der Planbeschäftigung am Periodenanfang ein Planverrechnungssatz (Plankostensatz) gebildet, mit dem im Laufe der Periode alle erstellten Leistungen bewertet und verrechnet werden.

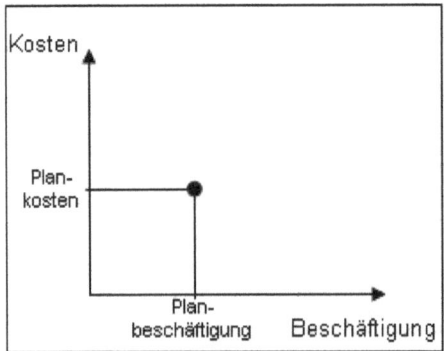

Kostenplanung: Ermittlung der Plankosten lediglich für den erwarteten Beschäftigungsgrad im Sinne einer Kostenbudgetierung

Kostenverrechnung: Vollkostensatz auf Basis der Planbeschäftigung

Kostenkrontrolle: Differenz Plankosten / Verrechnete Plankosten / Istkosten feststellbar; keine Abweichungsanalyse möglich

Kostenkontrolle im System der starren Plankostenrechnung:

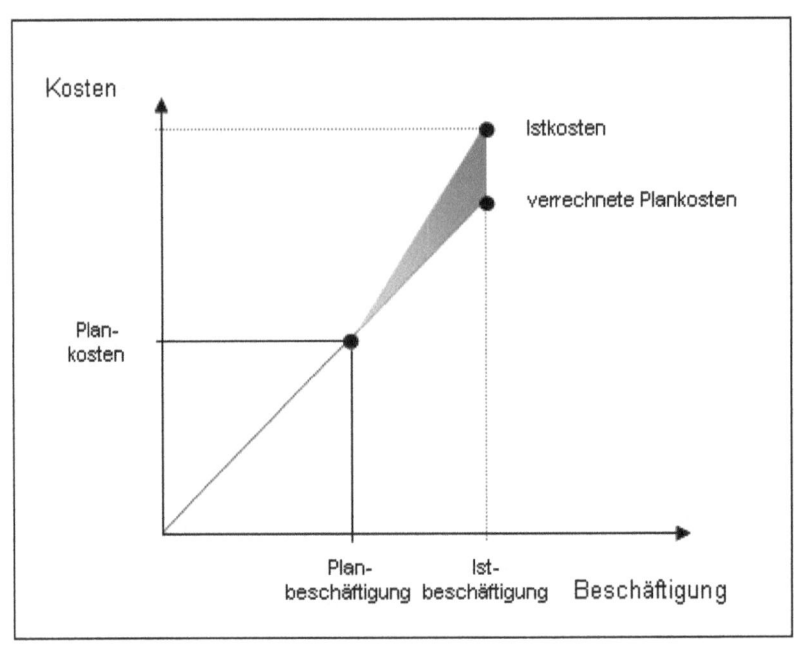

6.4.2 Flexible Plankostenrechnung

Die flexible Plankostenrechnung plant die Kosten einer Kostenstelle auf der Basis von Kostenfunktionen, ermittelt folglich im ersten Schritt Plankosten für unterschiedliche Beschäftigungsgrade. Voraussetzung hierzu ist eine Kostenauflösung in proportionale und fixe Kosten.

In der Kostenverrechnung besteht dagegen kein Unterschied zur Starren Plankostenrechnung. Die Plankosten dividiert durch die Planbeschäftigung bilden den Plan-Verrechnungssatz, mit dem Leistungen kalkuliert werden.

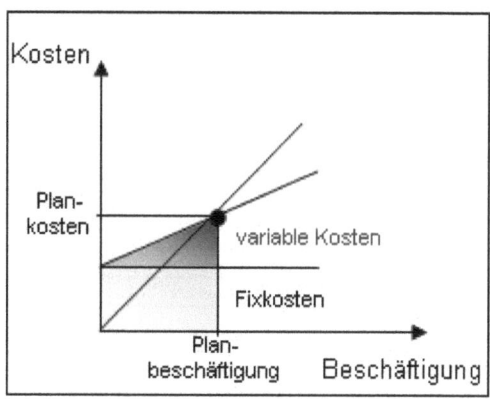

Kostenplanung: Ermittlung der Plankosten unter Zugrundelegung einer mittels Kostenauflösung gewonnen Kostenfunktion

Kostenverrechnung: Vollkostensatz auf Basis der Planbeschäftigung

Kostenkontrolle: Differenz verrechnete Plankosten / Istkosten zurückführbar auf den Einfluss von Beschäftigungsdifferenzen und Abweichungen von geplanten Verbrauchsmengen und Preisen

6.4.2.1   Kostenkontrolle im System der Flexiblen Plankostenrechnung

Planung

Katgeorie			Plan		
		Menge	Wert p.Stk.	Wert ges.	
fix				1.000,00 €	
variabel	KoArt 1	100	4,00 €	400,00 €	
	KoArt 2	100	2,00 €	200,00 €	
	KoArt 3	100	1,00 €	100,00 €	
	Summe			700,00 €	
Summe				1.700,00 €	
Verrechnung		100	17,00 €	1.700,00 €	

Plan = Ist

Katgeorie			Plan			Ist		
		Menge	Wert p.Stk.	Wert ges.	Menge	Wert p.Stk.	Wert ges.
fix				1.000,00 €			1.000,00 €
variabel	KoArt 1	100	4,00 €	400,00 €	100	4,00 €	400,00 €
	KoArt 2	100	2,00 €	200,00 €	100	2,00 €	200,00 €
	KoArt 3	100	1,00 €	100,00 €	100	1,00 €	100,00 €
	Summe			700,00 €			700,00 €
Summe				1.700,00 €			1.700,00 €
Verrechnung		100	17,00 €	1.700,00 €	100	17,00 €	1.700,00 €

Beschäftigungsabweichung

Katgeorie			Plan			Ist		
		Menge	Wert p.Stk.	Wert ges.	Menge	Wert p.Stk.	Wert ges.
fix				1.000,00 €			1.000,00 €
variabel	KoArt 1	100	4,00 €	400,00 €	200	4,00 €	800,00 €
	KoArt 2	100	2,00 €	200,00 €	200	2,00 €	400,00 €
	KoArt 3	100	1,00 €	100,00 €	200	1,00 €	200,00 €
	Summe			700,00 €			1.400,00 €
Summe				1.700,00 €			2.400,00 €
Verrechnung		100	17,00 €	1.700,00 €	200	17,00 €	3.400,00 €

Beschäftigungsabweichung + Preisabweichung

Katgeorie			Plan			Ist		
		Menge	Wert p.Stk.	Wert ges.	Menge	Wert p.Stk.	Wert ges.
fix				1.000,00 €			1.500,00 €
variabel	KoArt 1	100	4,00 €	400,00 €	200	7,00 €	1.400,00 €
	KoArt 2	100	2,00 €	200,00 €	200	3,00 €	600,00 €
	KoArt 3	100	1,00 €	100,00 €	200	1,00 €	200,00 €
	Summe			700,00 €			2.200,00 €
Summe				1.700,00 €			3.700,00 €
Verrechnung		100	17,00 €	1.700,00 €	200	17,00 €	3.400,00 €

Beschäftigungsabweichung + Preisabweichung + Verbrauchsabweichung

Katgeorie			Plan			Ist		
		Menge	Wert p.Stk.	Wert ges.	Menge	Wert p.Stk.	Wert ges.
fix				1.000,00 €			1.500,00 €
variabel	KoArt 1	100	4,00 €	400,00 €	200	7,00 €	1.400,00 €
	KoArt 2	100	2,00 €	200,00 €	200	3,00 €	600,00 €
	KoArt 3	100	1,00 €	100,00 €	300	1,00 €	300,00 €
	Summe			700,00 €			2.300,00 €
Summe				1.700,00 €			3.800,00 €
Verrechnung		100	17,00 €	1.700,00 €	200	17,00 €	3.400,00 €

6.4.2.2 Fixkostenproportionalisierungsfehler

Die verrechneten Plankosten müssen korrigiert werden. Bedingt durch den Verteilungsmodus der Fixkosten sind im Falle einer Beschäftigungsüberschreitung stets zu viel Fixkosten verrechnet worden.

Dieser Fixkostenproportionalisierungsfehler wird durch den Übergang von den verrechneten Plankosten zu so genannten Sollkosten korrigiert.

Sollkosten sind also die Kosten, die sich aufgrund der anfangs geplanten Kostenfunktionen für die Ist-Beschäftigung ergeben. Hätte man in der Planungsphase mit der eingetretenen Beschäftigung gerechnet, wären genau diese Sollkosten vorausgeplant worden.

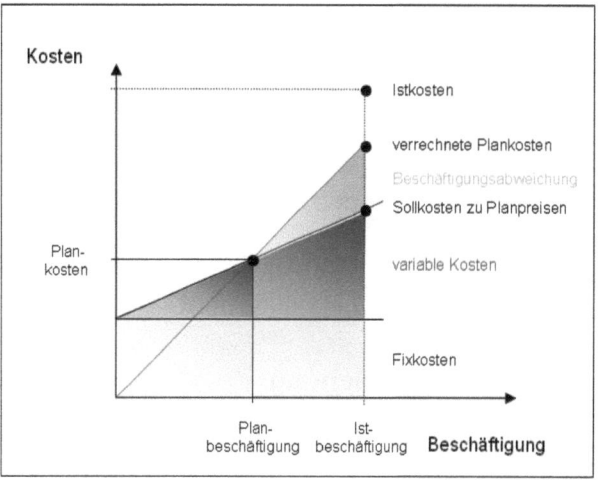

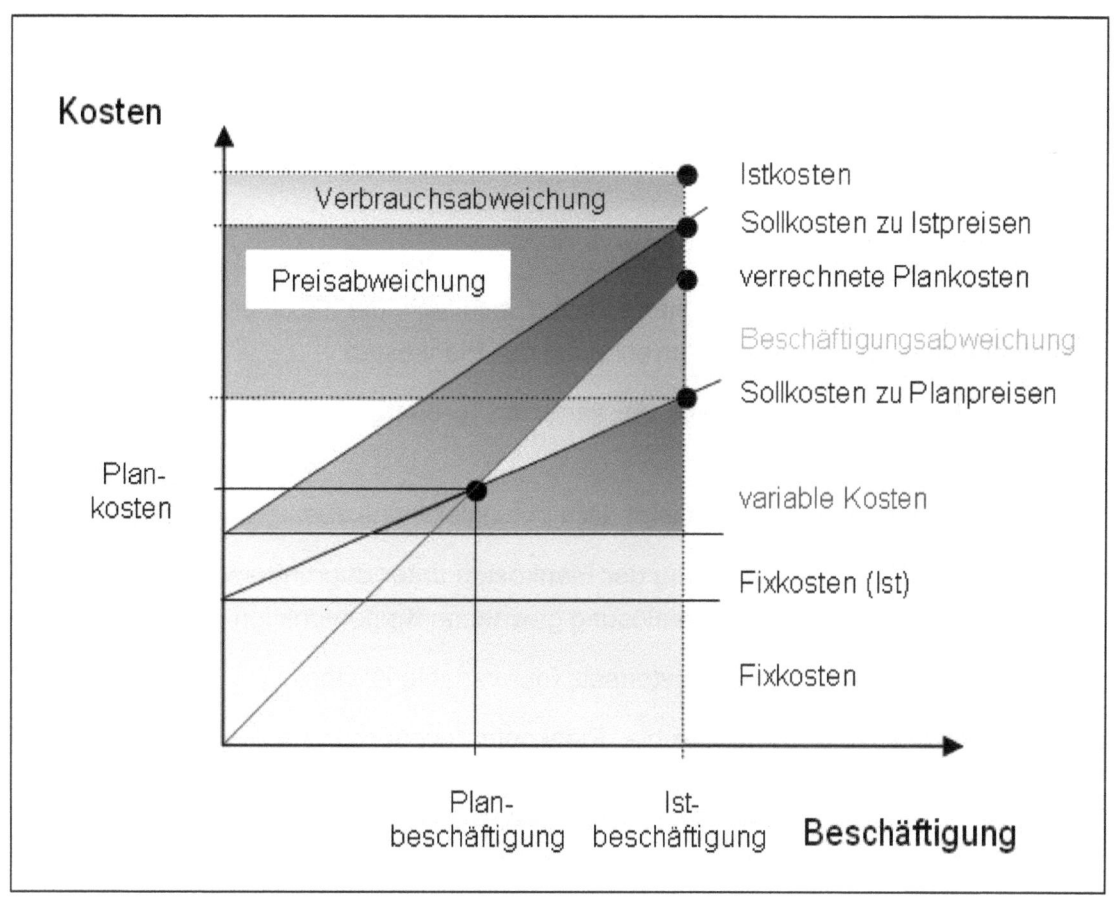

6.4.2.3 Abweichungsarten in der Flexiblen Plankostenrechnung

Beschäftigungsabweichung

Ermittlung:
Differenz zwischen den Sollkosten und den verrechneten Plankosten; zuerst ermittelte Abweichungsart

Ursache:
Bei der Verrechnung der Plankosten vorgenommene Fixkostenproportionalisierung

Verantwortung:
Nicht bei Kostenstellenleiter; zumeist absatzbedingt kaum beeinflussbar

Preisabweichung

Ermittlung:
Differenz zwischen den Sollkosten zu Planpreisen und Sollkosten zu Istpreisen (d.h. Preisdifferenz bezogen auf Istverbrauchsmengen)

Ursache:
z.B. unerwartete Preisschwankungen, Gelegenheitskäufe, Wechsel des Lieferanten, Wechselkursschwankungen etc.

Verantwortung:
i.d.R. nicht beim Kostenstellenleiter; u.U. beim Einkauf / Beschaffung / Procurement

Verbrauchsabweichung

Ermittlung:
Verbleibende Restabweichung

Ursache:
z.B. Planungsfehler, Schwankungen der Materialqualität, Bedienungsfehler, Ausschuss, Schwund etc.

Verantwortung:
Zumindest zum Teil beim Kostenstellenleiter; Notwendigkeit genauerer Analyse

6.4.3 Grenzplankostenrechnung

Die Grenzplankostenrechnung unterscheidet sich von der flexiblen Plankostenrechnung lediglich durch die Art der Verrechnung der Plankosten.

Zur Verrechnung werden lediglich die variablen (proportionalen) Kosten als Verrechnungssätze angesetzt.

Für Zwecke der Kostenkontrolle bieten sich prinzipiell keine zusätzlichen Erkenntnisse.

Kostenplanung:
Ermittlung der Plankosten unter Zugrundelegung einer mittels Kostenauflösung gewonnen Kostenfunktion

Kostenverrechnung:
Grenzkostensatz (nur variable Kosten)

Kostenkontrolle:
Wie flexible Plankostenrechnung; „Fehlen" von Beschäftigungsabweichungen (verrechnungsbedingt)

6.5   Zahlen und Graphik – Darstellung Kundenprofitabilitäts-
          Segmentierung

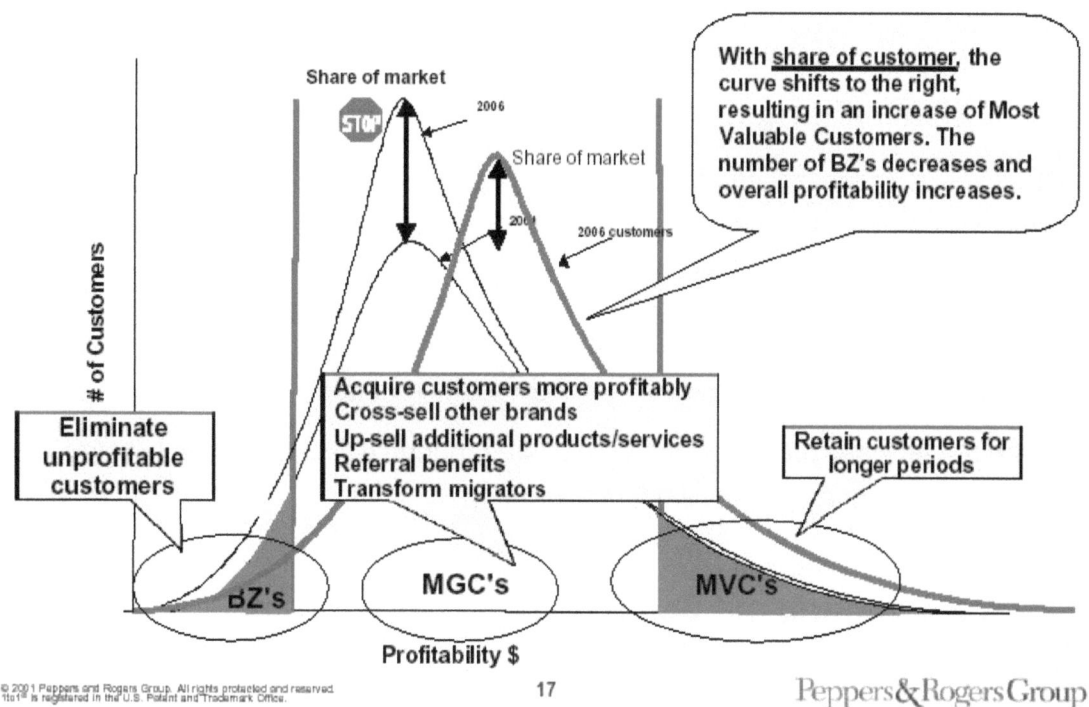

Peppers&RogersGroup

7   Verrechnung der Kosten zwischen Kostenstellen

7.1   Einzelleistungsbezogene Verrechnung

Eine einzelleistungsbezogene Verrechnung wird man angesichts der mit ihr verbundenen hohen Kosten nur dann wählen, wenn die hohe Abbildungsgenauigkeit explizit benötigt wird, z.B.

- hohes Rationalisierungspotenzial

- ohne genaue Verrechnung wird unwirtschaftlich verfahren

- eine Kostenstelle produziert außerhalb ihres „normalen" Leistungsprogramms Sonderleistungen und/oder für Sonderabnehmer

7.2   Verrechnung mit Schlüsseln

Liegen keine Gründe für einzelleistungsbezogene Verrechnung vor, werden weniger exakte Verrechnungswege verwendet. Im ungenauesten Fall sehen diese den Ansatz von Schlüsseln vor.

Schlüssel sind Größen zur Verrechnung von Kosten einer Kostenstelle auf andere Kostenstellen, die sich völlig von der Erfassung tatsächlich erbrachter Leistungen lösen.

Sie basieren lediglich auf (mehr oder weniger) plausiblen „Leistungsvermutungen".

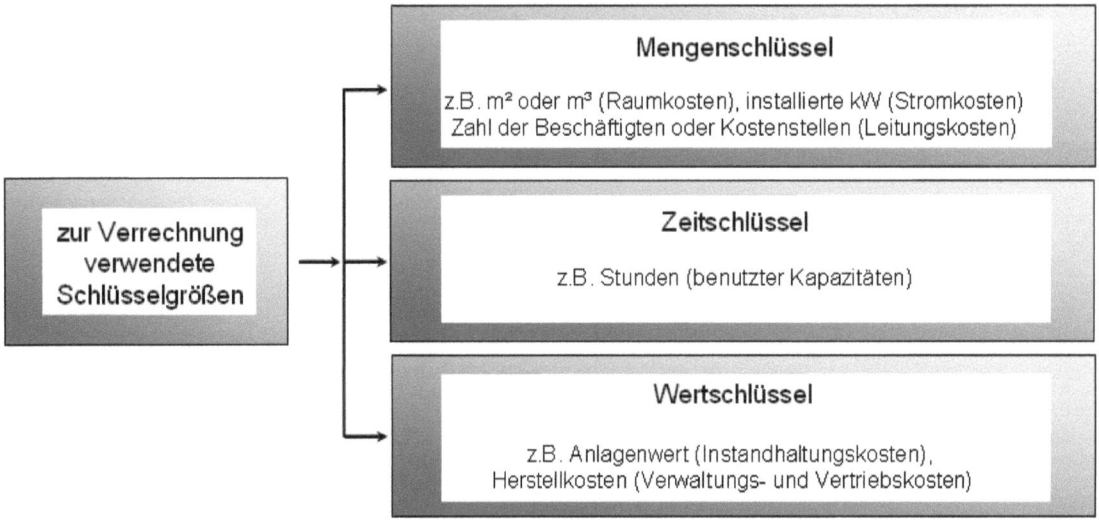

Aufgabe: Gegenüberstellung verschiedener Verrechnungsmodi einer Instandhaltungskostenstelle (Inst) an Fertigungskostenstellen 1-3

Basiswerte	KoSt 1	KoSt 2	KoSt 3	Summe
Anlagenwert	1.200.000	2.900.000	3.500.000	7.600.000
Abschreibungsdauer	4	5	8	
Abschreibung	300.000	580.000	437.500	1.317.500
Inst-Materialverbrauch	26.500	56.500	17.000	100.000
Inst-Personalkosten				100.000
Inst-sonstige Kosten				20.000
Summe Instandhaltung				220.000
Inst-Stunden	800	1.150	1.650	3.600

Lösung:

Verrechnung		KoSt 1	KoSt 2	KoSt 3	Summe
nach Kostenstellen-Zahl	3	73.333	73.333	73.333	220.000
nach Anlagenwert		34.737	83.947	101.316	220.000
nach Abschreibungssumme		50.095	96.850	73.055	220.000
nach Stundensatz "all in"	61,11	48.889	70.278	100.833	220.000
nach Stundensatz	33,33	26.667	38.333	55.000	120.000
(Material extra)		26.500	56.500	17.000	100.000
= gesamt		53.167	94.833	72.000	220.000

Die Verteilung der Instandhaltungskosten weichen sehr stark voneinander ab. Dies verdeutlicht, dass in der Kostenstellenrechnung dann, wenn man auf eine exakte leistungsbezogene Verrechnung verzichtet, ein erheblicher Spielraum zur Allokation von Kosten besteht. Dies kann vom Unternehmen auch bewusst ausgenutzt werden, zum einen bspw. für interne Lenkungszwecke, zum anderen aber auch für extern gerichtete Auswertungen (z.B. für Kalkulation bei öffentlichen Aufträgen).

Man kann Schlüssel wählen, die Kostenstellen stärker belasten („Kostentragfähigkeitsprinzip"). Hohe Verrechnungspreise können aber auch zum Nachdenken anregen, ob die intern erbrachten Leistungen tatsächlich wirtschaftlich erstellt werden (Outsourcing-Überlegungen).

7.3 Form der Leistungsverflechtung

Zwischen Kostenstellen kann es einseitige und wechselseitige Leistungsverflechtungen geben. Ist die wechselseitige Leistungsinanspruchnahme wertmäßig sehr unterschiedlich, ist ein ‚Herausrechnen' dieser Werte sinnvoll, um eine Vergleichbarkeit mit Outsourcing-Anbietern dieser Leistungen zu ermöglichen.

Im Unterschied zu den ungenauen Verrechnungsverfahren mit Schlüsseln ist hier ein 100%-ig genaues Verfahren sinnvoll. In Form mathematisch anspruchsvoller Gleichungsverfahren sind solche Verrechnungen heute in Kostenrechnungs-Software wie SAP/R3 integriert.

7.3.1 Beispiel für gegenseitige Leistungsverflechtungen von zwei Vorkostenstellen

Ausgangslage

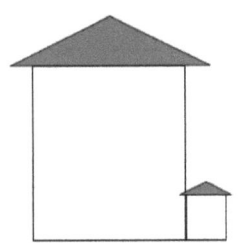

Gebäude
2.456 m² à 185,62 € = 455.880,57 €

Instandhaltung
12.567 Std. à 45,00 € = 565.515,45 €

Kostenstelle 1

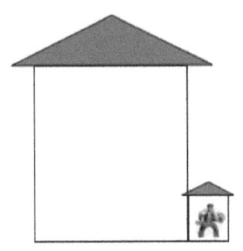

Gebäude
2.456 m² à 185,62 € = 455.880,57 €

Die Instandhaltung hat eine Werkstatt mit 212 m² von den insg. 2.456 m² und muß dafür bei einem Kostensatz von 185,62 €. Miete in Höhe von 39.351,00 € zahlen.

Die übrigen 2244 m² sind von Produktion und Verwaltung belegt, die die restlichen 416.529,32 € bezahlen.

Kostenstelle 2

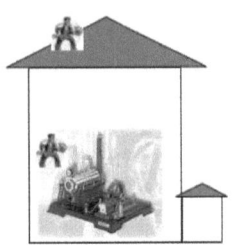

Instandhaltung
12.567 Std. à 45,00 € = 565.515,45 €

Die Jungs von der Instandhaltung leisten 1.345 Stunden im Wert von 60.525,00 € bei Reparaturen und Arbeiten am und auf dem Gebäude (bei einem Stundensatz von 45,00 €).

Die restlichen 11.222 Stunden reparieren sie Maschinen (auf Endkostenstellen) im Wert von 504.990,40 €.

Verrechnung ohne Berücksichtigung der gegenseitigen Leistungsverflechtung

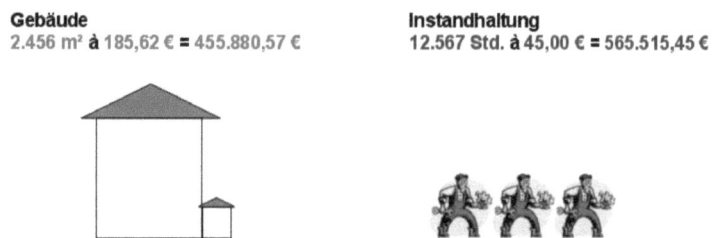

Gebäude
2.456 m² à 185,62 € = 455.880,57 €

Instandhaltung
12.567 Std. à 45,00 € = 565.515,45 €

Würden die beiden Vorkostenstellen ihre Kosten lediglich auf die Endkostenstellen verteilen und die gegenseitige Leistungsverflechtung nicht berücksichtigen, würden folgende Kostensätze errechnet werden.

455.880,57 € / 2.244 m² = 203,15 €   565.515,45 € / 11.222 Std. = 50,39 €

7.3.2 Verfahren zur genauen Berechnung der Leistungsverflechtung

Um die gegenseitige Leistungsverflechtung verursachungsgerecht den beteiligten Vorkostenstellen zuzuordnen, sind zwei Verfahren möglich.

Das Gleichungsverfahren ist in Kostenrechnungsprogrammen installiert und löst die Leistungsverflechtungen mathematisch auf.

Das Iterative Verfahren macht eine stufenweise Gegenverrechnung nachvollziehbar. Bereits nach wenigen Verrechnungsschritten sind die wechselseitigen Leistungsbeziehungen ‚herausgerechnet'.

Beide Verfahren gewährleisten eine 100%-ige Weiterverrechnung der Leistungen mit den vollen Kosten an die Endkostenstellen.

7.3.2.1   Gleichungsverfahren

Stelle 1

Kostenbelastung	=	Kostenentlastung
Primärkosten + Sekundärkosten	=	Kostenentlastung
PKg + (mi * pi)	=	mg * pg
455.880,57 € + (1.345 h * pi)	=	2.456 m² * pg

Stelle 2

Kostenbelastung	=	Kostenentlastung
Primärkosten + Sekundärkosten	=	Kostenentlastung
PKi + (mg * pg)	=	mi * pi
565.515,45 € + (212 m² * pg)	=	12.567 h * pi

=> pg = 212,22 €/m²   pi = 48,59 €/h

7.3.2.2   Iteratives Verfahren

Leistungsverflechtung	Basis-Situation	
	Gebäude	Instandhaltung
Gesamtleistung m² (Gebäude) / h (Inst)	2.456	12.567
Anteil andere KoSt (Gebäude/Inst)	212	1.345
Primärkosten	455.880,57	565.515,45
Kosten pro Leistungseinheit	185,62	45,00
Verrechnung an alle andere KoSt	416.529,32	504.990,40
Verrechnung an jeweils andere KoSt	39.351,25	60.525,05
Verrechnung an jeweils andere KoSt	60.525,05	39.351,25
Weiterverrechnung Delta-Kosten	60.525,05	39.351,25

Erster Iterationsschritt: Delta-Kosten (Verrechnungsfehler) korrigieren

Leistungsverflechtung Iteratives Verrechnungsverfahren	Basis-Situation		1. Iterationsschritt	
	Gebäude	Instandhaltung	Gebäude	Instandhaltung
Gesamtleistung m² (Gebäude) / h (Inst)	2.456	12.567		
Anteil andere KoSt (Gebäude/Inst)	212	1.345		
Primärkosten	455.880,57	565.515,45		
Kosten pro Leistungseinheit	185,62	45,00		
Verrechnung an alle andere KoSt	416.529,32	504.990,40		
Verrechnung an jeweils andere KoSt	39.351,25	60.525,05		
Weiterverrechnung Delta-Kosten			60.525,05	39.351,25
Delta-Kosten pro Leistungseinheit			24,64	3,13
Verrechnung an jeweils andere KoSt			5.224,48	4.211,62
Verrechnung an alle andere KoSt			55.300,58	35.139,63

Summe Verrechnung an alle anderen Kostenstellen

Leistungsverflechtung Iteratives Verrechnungsverfahren	Basis-Situation		1. Iterationsschritt	
	Gebäude	Instandhaltung	Gebäude	Instandhaltung
Gesamtleistung m² (Gebäude) / h (Inst)	2.456	12.567		
Anteil andere KoSt (Gebäude/Inst)	212	1.345		
Primärkosten	455.880,57	565.515,45		
Kosten pro Leistungseinheit	185,62	45,00		
Verrechnung an alle andere KoSt	416.529,32	504.990,40		
Verrechnung an jeweils andere KoSt	39.351,25	60.525,05		
Weiterverrechnung Delta-Kosten			60.525,05	39.351,25
Delta-Kosten pro Leistungseinheit			24,64	3,13
Verrechnung an jeweils andere KoSt			5.224,48	4.211,62
Verrechnung an alle andere KoSt			55.300,58	35.139,63
Summe Verrechnung an alle andere KoSt			471.829,90	540.130,03

Kreuzweise Einsetzung der Verrechnung von Gebäude und Instandhaltung

Leistungsverflechtung Iteratives Verrechnungsverfahren	Basis-Situation		1. Iterationsschritt	
	Gebäude	Instandhaltung	Gebäude	Instandhaltung
Gesamtleistung m² (Gebäude) / h (Inst)	2.456	12.567		
Anteil andere KoSt (Gebäude/Inst)	212	1.345		
Primärkosten	455.880,57	565.515,45		
Kosten pro Leistungseinheit	185,62	45,00		
Verrechnung an alle andere KoSt	416.529,32	504.990,40		
Verrechnung an jeweils andere KoSt	39.351,25	60.525,05		
Weiterverrechnung Delta-Kosten			60.525,05	39.351,25
Delta-Kosten pro Leistungseinheit			24,64	3,13
Verrechnung an jeweils andere KoSt			5.224,48	4.211,62
Verrechnung an alle andere KoSt			55.300,58	35.139,63
Summe Verrechnung an alle andere KoSt			471.829,90	540.130,03
Kreuzweise Einsetzung der Verrechnung			4.211,62	5.224,48

Zweiter Iterationsschritt: Delta-Kosten (Verrechnungsfehler) korrigieren

Leistungsverflechtung Iteratives Verrechnungsverfahren	1. Iterationsschritt		2. Iterationsschritt	
	Gebäude	Instandhaltung	Gebäude	Instandhaltung
Kreuzweise Einsetzung der Verrechnung			4.211,62	5.224,48
Delta-Kosten pro Leistungseinheit			1,71	0,42
Verrechnung an jeweils andere KoSt			363,54	559,16
Verrechnung an alle andere KoSt			3.848,08	4.665,32
Summe Verrechnung an alle andere KoSt			475.677,97	544.795,35
Kreuzweise Einsetzung der Verrechnung	4.211,62	5.224,48	559,16	363,54

Dritter Iterationsschritt: Delta-Kosten (Verrechnungsfehler) korrigieren

Leistungsverflechtung Iteratives Verrechnungsverfahren	2. Iterationsschritt		3. Iterationsschritt	
	Gebäude	Instandhaltung	Gebäude	Instandhaltung
Kreuzweise Einsetzung der Verrechnung			559,16	363,54
Delta-Kosten pro Leistungseinheit			0,23	0,03
Verrechnung an jeweils andere KoSt			48,27	38,91
Verrechnung an alle andere KoSt			510,89	324,64
Summe Verrechnung an alle andere KoSt			476.188,86	545.119,98
Kreuzweise Einsetzung der Verrechnung	559,16	363,54	38,91	48,27

Vierter Iterationsschritt: Delta-Kosten (Verrechnungsfehler) korrigieren

Leistungsverflechtung Iteratives Verrechnungsverfahren	3. Iterationsschritt		4. Iterationsschritt	
	Gebäude	Instandhaltung	Gebäude	Instandhaltung
Kreuzweise Einsetzung der Verrechnung			38,91	48,27
Delta-Kosten pro Leistungseinheit			0,02	0,01
Verrechnung an jeweils andere KoSt			3,36	5,17
Verrechnung an alle andere KoSt			35,55	43,10
Summe Verrechnung an alle andere KoSt			476.224,41	545.163,08
Kreuzweise Einsetzung der Verrechnung	38,91	48,27	5,17	3,36

Neuer Verrechnungspreis

Bereits nach vier manuellen (iterativen) Schritten erreicht man das gleiche Ergebnis wie im mathematischen Gleichungsverfahren.

Leistungsverflechtung Iteratives Verrechnungsverfahren	Verr.satz nach 4 Schritten	
	Gebäude	Instandhaltung
Gesamtleistung m² (Gebäude) / h (Inst)	2.456	12.567
Anteil andere KoSt (Gebäude/Inst)	212	1.345
Primärkosten	455.880,57	565.515,45
Kosten pro Leistungseinheit	185,62	45,00
Anteil alle anderen KoSt	2.244	11.222
Summe Verrechnung an alle andere KoSt	476.224,41	545.163,08
Neuer Verrechnungspreis nach 4. Schritt	212,22	48,59

$$\Rightarrow\ pg = 212{,}22\ €/m²\quad pi = 48{,}59\ €/h$$

7.4   Standardverrechnung von Kostenstellenleistungen

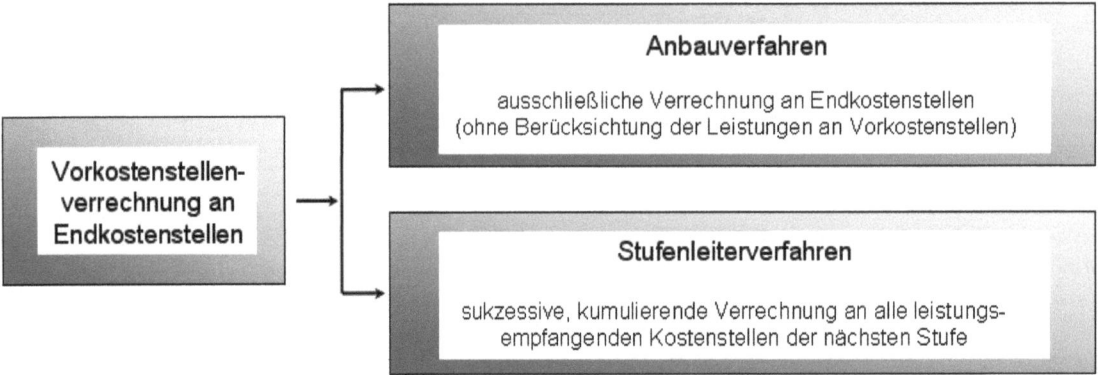

7.4.1 Anbauverfahren

Wesentliches Ziel der Kostenverrechnung in der Kostenstellenrechnung ist die sukzessive Zuordnung der (Kostenträger-)Gemeinkosten auf die betrieblichen Erzeugnisse.

Die einfachste Lösung ist, dass jede Vorkostenstelle die angefallenen Kosten ausschließlich an Endkostenstellen verrechnet. Alle Leistungsbeziehungen zwischen Vorkostenstellen werden vernachlässigt, um Verrechnungsaufwand einzusparen.

Für dieses Vorgehen hat sich der Begriff „Anbauverfahren" gebildet.

[Beispiel]:

Betrachtung eines Unternehmens mit einer mehrstufigen Fertigung und einer differenzierten Hilfskostenstellenstruktur für die Erfassung von Gemeinkosten.

Fertigungsprozess

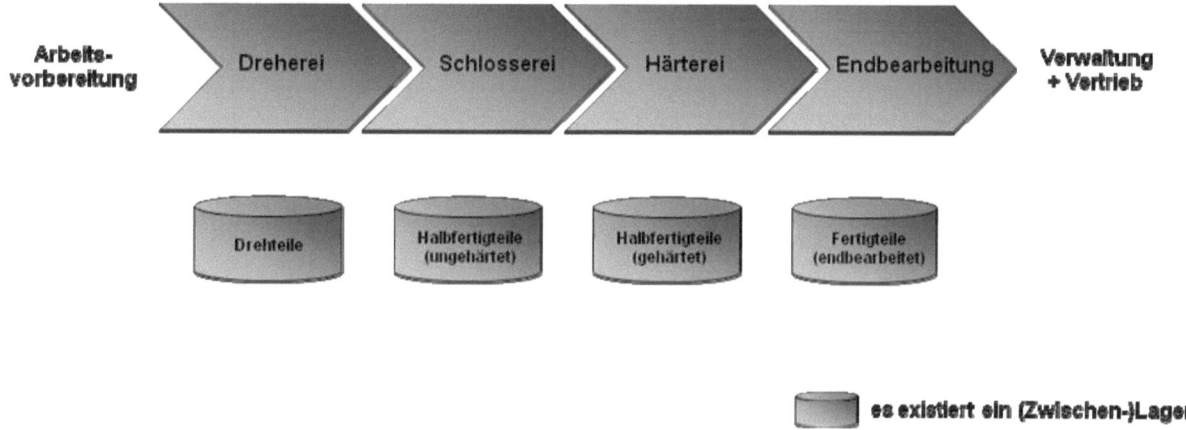

Organisation (Ausschnitt)

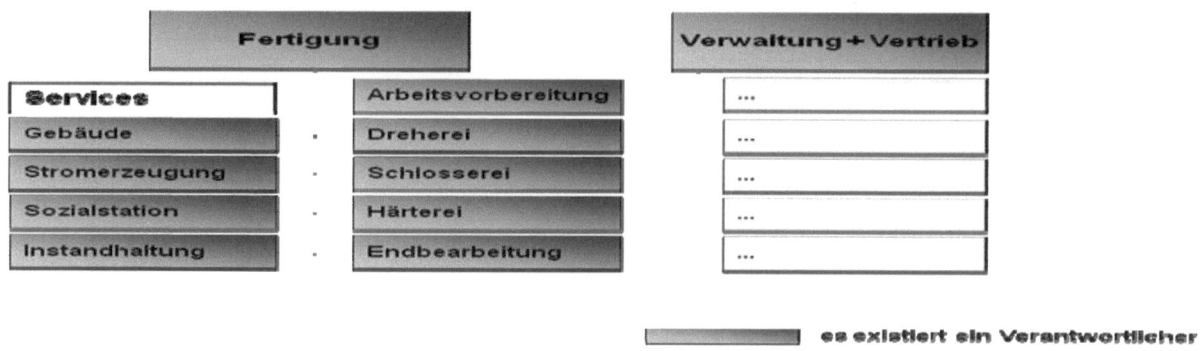

1. Schritt: Definition von Vorkosten und Endkostenstellen

Kostenstellen	Vor-KoSt 1	Vor-KoSt 2	Vor-KoSt 3	Vor-KoSt 4	Vor-KoSt 5	Vor-KoSt 6

Kostenstellen	End-KoSt 1	End-KoSt 2	End-KoSt 3	End-KoSt 4	End-KoSt 5 Verwaltung + Vertrieb

2. Schritt: Dokumentation der Kosten auf Vorkostenstellen

Kostenstellen / Kostenarten	Vor-KoSt 1 Gebäude	Vor-KoSt 2 Strom- erzeugung	Vor-KoSt 3 Sozial- station	Vor-KoSt 4 Instand- haltung	Vor-KoSt 5 Fertigungs- leitung	Vor-KoSt 6 Arbeits- vorbereitg.
Gemeinkostenmaterial	0	0	4.500	6.750	1.000	3.000
Betriebskosten	0	1.900	0	1.250	0	0
Energiekosten	0	450.000	0	0	0	0
Gemeinkostenlöhne	0	90.000	0	180.000	0	45.000
Gehälter	60.000	80.000	180.000	60.000	220.000	240.000
Abschreibungen	280.000	200.000	20.000	25.000	2.000	15.000
Sonstige Kosten	105.000	12.000	2.000	5.000	10.000	5.000
Summe	**445.000**	**833.900**	**206.500**	**278.000**	**233.000**	**308.000**

3. Schritt: Dokumentation der Verteilungsziffern

Kostenstellen / Kostenarten	Vor-KoSt 1 Gebäude	Vor-KoSt 2 Strom- erzeugung	Vor-KoSt 3 Sozial- station	Vor-KoSt 4 Instand- haltung	Vor-KoSt 5 Fertigungs- leitung	Vor-KoSt 6 Arbeits- vorbereitg.	End-KoSt 1 Dreherei	End-KoSt 2 Schlosserei	End-KoSt 3 Härterei	End-KoSt 4 Endbe- arbeitung	End-KoSt 5 Verwaltung + Vertrieb
Gemeinkostenmaterial	0	0	4.500	6.750	1.000	3.000					
Betriebskosten	0	1.900	0	1.250	0	0					
Energiekosten	0	450.000	0	0	0	0					
Gemeinkostenlöhne	0	90.000	0	180.000	0	45.000					
Gehälter	60.000	80.000	180.000	60.000	220.000	240.000					
Abschreibungen	280.000	200.000	20.000	25.000	2.000	15.000	500.000	650.000	700.000	500.000	125.000
Sonstige Kosten	105.000	12.000	2.000	5.000	10.000	5.000					
Summe	**445.000**	**833.900**	**206.500**	**278.000**	**233.000**	**308.000**					

Verteilungsziffern "Anbauverfahren"

m² Gebäude	0	200	150	100	30	80	1.250	850	1.500	2.000	1.000
kW (installiert) Maschinen	2.000	0	250	1.000	250	500	20.000	20.000	30.000	20.000	2.000
Zahl Beschäftigte	1	3	3	5	2	5	30	40	25	50	10

Ausblendung der Vorkostenstellen

Alle Leistungsbeziehungen zwischen Vorkostenstellen werden vernachlässigt. Die angefallenen Kosten werden ausschließlich an Endkostenstellen verrechnet.

4. Schritt: Festlegung der Verteilungsschlüssel

Gebäude	pro m² in den Endkostenstellen
Strom	pro installierte kW in den Endkostenstellen
Sozialstation	pro Beschäftigtem in den Endkostenstellen
Instandhaltung	pro €Abschreibung in den Endkostenstellen
Fertigungsleitung	pro Beschäftigtem in der Fertigung
Arbeitsvorbereitung	pro Beschäftigtem in der Fertigung

5. Schritt: Berechnung der Verrechnungssätze

Gebäude	67,42 €	pro m² in den Endkostenstellen
Strom	9,06 €	pro installierte kW in den Endkostenstellen
Sozialstation	1.332,28 €	pro Beschäftigtem in den Endkostenstellen
Instandhaltung	0,11 €	pro €Abschreibung in den Endkostenstellen
Fertigungsleitung	1.606,90 €	pro Beschäftigtem in der Fertigung
Arbeitsvorbereitung	2.124,14 €	pro Beschäftigtem in der Fertigung

6. Schritt: Verteilung der Kosten auf die Endkostenstellen nach Schlüssel

End-KoSt 1 Dreherei	End-KoSt 2 Schlosserei	End-KoSt 3 Härterei	End-KoSt 4 Endbe- arbeitung	End-KoSt 5 Verwaltung + Vertrieb	Summe
500.000	650.000	700.000	500.000	125.000	2.475.000
					2.304.400
1.250	850	1.500	2.000	1.000	6.600
20.000	20.000	30.000	20.000	2.000	92.000
30	40	25	50	10	155
84.280	57.311	101.136	134.848	67.424	445.000
181.283	181.283	271.924	181.283	18.128	833.900
39.968	53.290	33.306	66.613	13.323	206.500
56.162	73.010	78.626	56.162	14.040	278.000
48.207	64.276	40.172	80.345	0	233.000
63.724	84.966	53.103	106.207	0	308.000
473.623	514.135	578.269	625.457	112.915	2.304.400

Beurteilung:

Die Vernachlässigung von Leistungsbeziehungen zwischen Vorkostenstellen führt zu Abbildungsfehlern.

Die sich in solchen Fällen ergebenden Ungenauigkeiten kann man in der Praxis nur „hinnehmen", wenn die zwischen einzelnen Vorkostenstellen fließenden Leistungs- ströme nicht von allzu großer Bedeutung sind.

7.4.2 Stufenleiterverfahren

Um die Ungenauigkeiten des Anbauverfahrens zu vermeiden, muss man die Kosten zwischen Vorkostenstellen verrechnen.

Das Stufenleiterverfahren löst die Verrechnungsaufgabe durch eine sukzessive, kumulierende Verrechnung. Dabei geht man davon aus, dass nur einseitige Leistungsbeziehungen zwischen den Vorkostenstellen bestehen bzw. dass Leistungsrückflüsse unbedeutend sind.

1. bis 4. Schritt

Diese Schritte sind identisch zum Anbauverfahren, es werden die gleichen Verteilungsschlüssel gewählt.

Stufenleiter 1. Schritt:
Berechnung des Kostensatzes für erste zu verrechnende Vorkostenstelle

Kostenstellen / Kostenarten	Vor-KoSt 1 Gebäude	Vor-KoSt 2 Strom-erzeugung	Vor-KoSt 3 Sozial-station	Vor-KoSt 4 Instand-haltung	Vor-KoSt 5 Fertigungs-leitung	Vor-KoSt 6 Arbeits-vorbereitg.	End-KoSt 1 Dreherei	End-KoSt 2 Schlosserei	End-KoSt 3 Härterei	End-KoSt 4 Endbe-arbeitung	End-KoSt 5 Verwaltung + Vertrieb	Summe
Gemeinkostenmaterial	0	0	4.500	6.750	1.000	3.000						15.250
Betriebskosten	0	1.900	0	1.250	0	0						3.150
Energiekosten	0	450.000	0	0	0	0						450.000
Gemeinkostenlöhne	0	90.000	0	180.000	0	45.000						315.000
Gehälter	60.000	80.000	180.000	60.000	220.000	240.000						840.000
Abschreibungen	280.000	200.000	20.000	25.000	2.000	15.000	500.000	650.000	700.000	500.000	125.000	3.017.000
Sonstige Kosten	105.000	12.000	2.000	5.000	10.000	5.000						139.000
Summe	445.000	833.900	206.500	278.000	233.000	308.000						2.304.400

Verrechnung "Stufenleiterverfahren"

	Vor-KoSt 1	Vor-KoSt 2	Vor-KoSt 3	Vor-KoSt 4	Vor-KoSt 5	Vor-KoSt 6	End-KoSt 1	End-KoSt 2	End-KoSt 3	End-KoSt 4	End-KoSt 5	Summe
m² Gebäude	0	200	150	100	30	80	1.250	850	1.500	2.000	1.000	7.160
kW (installiert) Maschinen	2.000	0	250	1.000	250	500	20.000	20.000	30.000	20.000	2.000	96.000
Zahl Beschäftigte	1	3	3	5	2	5	30	40	25	50	10	174
Gebäude	62,15 €											

Stufenleiter 2. Schritt:
Verrechnung des Kostensatzes an alle nachfolgenden Kostenstellen

Gebäude	62,15 €	12.430	9.323	6.215	1.865	4.972	77.689	52.828	93.226	124.302	62.151

Stufenleiter 3. Schritt:
Summierung der Kosten auf allen nachfolgenden Vorkostenstellen

Gebäude	62,15 €	12.430	9.323	6.215	1.865	4.972
Σ nach Verrechnung		846.330	215.823	284.215	234.865	312.972

Wiederholung der Stufenleiter Schritt 1:
Berechnung des Kostensatzes für zweite zu verrechnende Vorkostenstelle

Σ nach Verrechnung	846.330	215.823	284.215	234.865	312.972
Strom	9,00 €				

Verteilung der Kosten jeweils auf alle nachfolgenden Kostenstellen:

Gebäude	62,15 €	12.430	9.323	6.215	1.865	4.972	77.689	52.828	93.226	124.302	62.151		445.000
Σ nach Verrechnung		846.330	215.823	284.215	234.865	312.972							
Strom		9,00 €	2.251	9.004	2.251	4.502	180.070	180.070	270.105	180.070	18.007		846.330
Σ nach Verrechnung			218.074	293.219	237.115	317.474							
Sozialstation			1.305,83 €	6.529	2.612	6.529	39.175	52.233	32.646	65.291	13.058		218.074
Σ nach Verrechnung				299.748	239.727	324.003							
Instandhaltung				0,12 €	241	1.804	60.142	78.185	84.199	60.142	15.036		299.748
Σ nach Verrechnung					239.968	325.807							
Fertigungsleitung					1.599,78 €	7.999	47.994	63.991	39.995	79.989	0		239.968
Σ nach Verrechnung						333.806							
Arbeitsvorbereitung						2.302,11 €	69.063	92.084	57.553	115.106	0		333.806

Beurteilung:

In unserem Beispiel werden diverse Leistungsrückflüsse nicht erfaßt, i.e.

- die Leistungen der Stromerzeugung für das Gebäude (2.000 von 96.000 installierten kW in Maschinen)

- die Leistungen der Sozialstation für die Mitarbeiter von Gebäude und Strom (4 von 174 Mitarbeitern)

- die nicht unerheblichen Instandhaltungsleistungen für Gebäude und Strom (480.000 € von 3.017.000 € Abschreibungssumme)

- die Managementleistung des Fertigungsleiters für die von ihm betreuten Vorkostenstellen (immerhin 12 Mitarbeiter)

In unserem Beispiel hat der Übergang vom Anbauverfahren zum Stufenleiterverfahren nur eine vergleichsweise geringe Änderung der Sekundärkostenverrechnung von <1% erbracht (bis auf Verwaltung + Vertrieb).

In der Praxis wird man einen solchen Abbildungsfehler tolerieren können.

Um das exakte Ergebnis zu erhalten, müsste man auf Iterations- oder Gleichungsverfahren zurückgreifen.

7.5 Sonderverrechnung von Kostenstellenleistungen

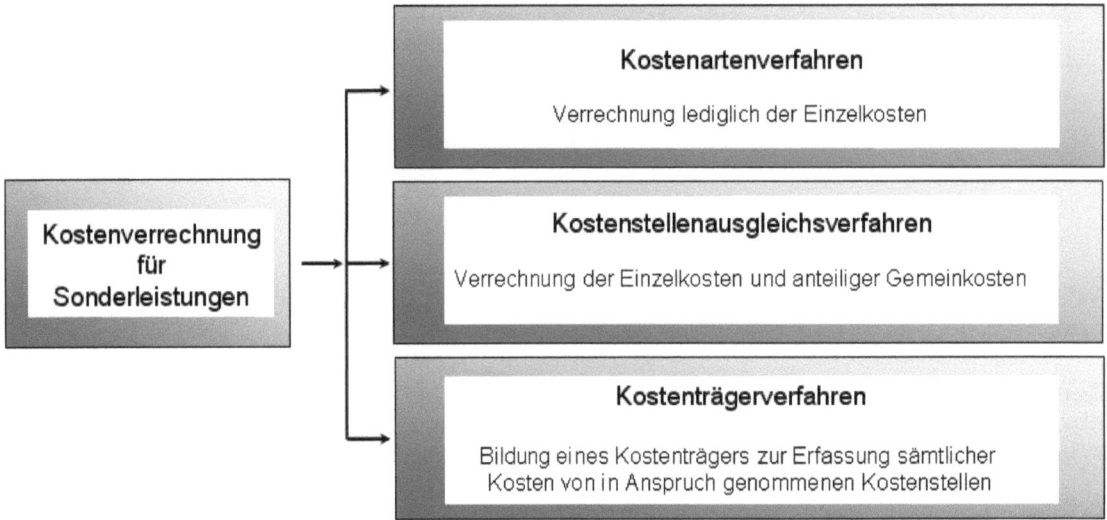

7.5.1 Kostenartenverfahren

Das Kostenartenverfahren ist ein Verfahren zur Kalkulation einer in einer Vor- oder Endkostenstelle erstellten Leistung, die außerhalb des normalen Leistungsspektrums der Kostenstelle erbracht wurde.

Beim Kostenartenverfahren werden die innerbetriebliche Leistungen empfangenden Kostenstellen nur mit den für diese Leistungen direkt als Einzelkosten erfassbaren primären Kosten(arten) belastet.

Die Gemeinkosten wälzt dieses Verfahren nicht weiter.

Beispiel: Kostenartenverfahren – Anfertigung eines Ersatzteils in der Dreherei

Fertigungseinzelkosten	250,00 €
Materialeinzelkosten	50,00 €
Gesamtkosten für Ersatzteil	300,00 €

Nichtverrechnung des „normalen" Verrechnungssatzes für Fertigungsgemeinkosten von 207,06 % auf Fertigungseinzelkosten

Beurteilung:

Selbst dann, wenn man in der Kostenstellenrechnung als Verrechnungsprinzip auf dem Verursachungsprinzip aufbaut, kann man eine Grenzkostenkalkulation der Sonderleistung vertreten. Durch eine Verrechnung allein der Einzelkosten wird der besondere Charakter der „außer der Reihe" erbrachten Leistung entsprechend berücksichtigt.

Den „Fehler" der „zu wenig verrechneten Kosten" versucht das Kostenstellenausgleichsverfahren zu beheben.

7.5.2 Kostenstellenausgleichsverfahren

Das Kostenstellenausgleichsverfahren kalkuliert innerbetriebliche Sonderleistungen mit den Vollkosten, also neben den direkt zurechenbaren Einzelkosten auch mit anteiligen Gemeinkosten.

Damit werden die Sonderleistungen mit den normal zu kalkulierenden Leistungen der Kostenstelle „auf eine Stufe" gestellt.

Beispiel: Kostenstellenausgleichsverfahren – Anfertigung eines Ersatzteils in der Dreherei

Fertigungseinzelkosten	250,00 €
Fertigungsgemeinkosten (207,06 %)	517,34 €
Materialeinzelkosten	50,00 €
Gesamtkosten für Ersatzteil	817,34 €

Der Gemeinkostenverrechnungssatz würde sich konsequenterweise dann geringfügig verringern, da sich die Basis der Fertigungseinzelkosten (bei konstanten Gemeinkosten) erhöht hätte.

7.5.3 Kostenträgerverfahren

Das Kostenträgerverfahren wird angewandt, wenn die zu kalkulierende Leistung zu ihrer Fertigstellung mehrerer Kostenstellen bedarf, wenn sie wie ein Produkt mehrere Kostenstellen durchläuft.

Typischerweise wird das Kostenträgerverfahren für den Eigenbau von Anlagen eingesetzt.

Die hier gewonnenen Werte bilden die Basis für die Aktivierung der eigenerstellten Anlage in der Bilanz.

8 Vollkostenrechnung und Teilkostenrechnungen

8.1 Vollkostenrechnung

Grundprinzip der Vollkostenrechnung

In der Vollkostenrechnung werden die „vollen", d.h. sämtliche angefallenen Kosten auf die Produkte und deren Einheiten verteilt. Die Summe der den Produkten zugerechneten Kosten und die Gesamtkosten sind somit identisch.

Die Kostenzurechnung erfolgt gemäß dem Verursachungsprinzip.

Die Vollkostenrechnung wird zur Preiskalkulation und Periodenerfolgsrechnung (Betriebsergebnisrechnung) verwendet und ist in fast jedem Unternehmen in der Praxis zu finden.

Charakteristika der Vollkostenrechnung

- Verwendung von Vergangenheitsdaten (Istkosten), basierend auf der Finanzbuchhaltung; als Plankostenrechnung auf Vollkostenbasis auch Verwendung von Plandaten.

- Trennung der Kosten in Kostenträgereinzel- und Kostenträgergemeinkosten

- Abfolge von Kostenarten-, Kostenstellen- und Kostenträgerrechnung

- Ausweis von Nettoerfolgen durch Verteilung aller angefallenen Kosten auf die Kostenträger

- Mehrstufige Schlüsselung von Gemeinkosten im Laufe der Ermittlung der Nettoerfolge

Kalkulationsschema der Vollkostenrechnung

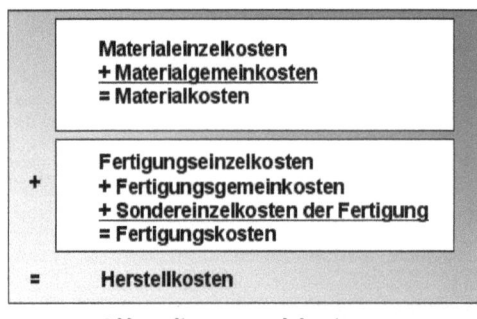

[Beispiel]

Betrachtung eines Unternehmens mit einer mehrstufigen Fertigung, zwei Produktlinien à drei Produkten und einer differenzierten Erfassung von Kostenträgereinzelkosten und Kostenstellenkosten/Gemeinkosten.

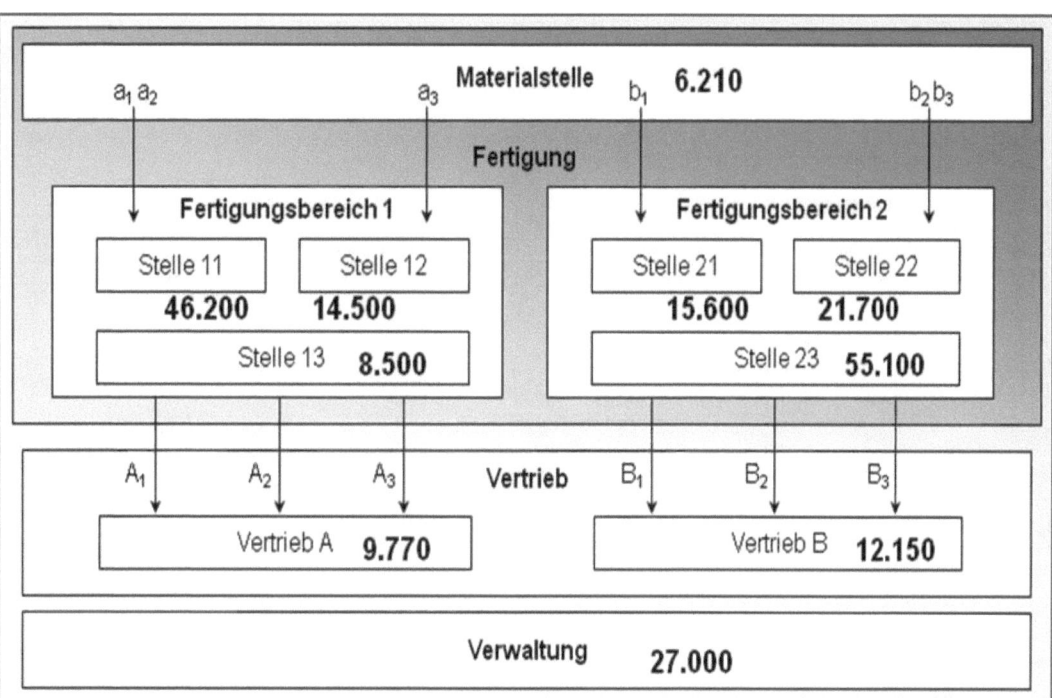

Die Werte bei den Kostenstellen weisen die Höhe der **Kostenstellenkosten** aus.

Kostenträgereinzelkosten

Es werden produktspezifisch Materialkosten und Fertigungslöhne je Einzelprodukt erfaßt und zugerechnet. Es ist zu beachten, dass der Prozessfluss und der entsprechende Kostenanfall synchron sind (bspw. wird Produkt A3 nicht auf Fertigungsstelle 11 bearbeitet, sondern auf Fertigungsstelle 12).

Kosten	A1	A2	A3	A1-A3 Summe	B1	B2	B3	B1-B3 Summe	Variabel Gesamt
Kostenträgereinzelkosten									
Materialstelle	37.000	47.000	6.500	90.500	26.000	31.000	26.000	83.000	173.500
Fertigungsstelle 11	18.000	25.000		43.000					43.000
Fertigungsstelle 12			6.000	6.000					6.000
Fertigungsstelle 13	2.000	2.200	750	4.950					4.950
Fertigungsstelle 21					9.500			9.500	9.500
Fertigungsstelle 22						6.900	5.100	12.000	12.000
Fertigungsstelle 23					4.900	3.700	2.000	10.600	10.600

Bildung von Gemeinkostenzuschlagssätzen

Nach dem Kalkulationsschema der Vollkostenrechnung werden die Gemeinkosten (Kostenstellenkosten) in Bezug zur Summe der Kostenträgereinzelkosten der jeweiligen Stufe gesetzt. Es errechnet sich ein Gemeinkostenzuschlagssatz, der dann auf die individuellen Produkte aufgeschlagen wird.

Materialkosten

Kosten	A1	A2	A3	B1	B2	B3	Gesamt
Ermittlung der Nettoergebnisse der Produkte							
Materialeinzelkosten	37.000	47.000	6.500	26.000	31.000	26.000	173.500
+ Materialgemeinkosten 3,58%	1.324	1.682	233	931	1.110	931	6.210
Materialkosten	38.324	48.682	6.733	26.931	32.110	26.931	179.710

Fertigungskosten Stufe 1

Kosten	A1	A2	A3	B1	B2	B3	Gesamt
Fertigungseinzelkosten	18.000	25.000	6.000				49.000
+ KoSt 11 - Fertigungsgemeinkosten 107,44%	19.340	26.860	0				46.200
+ KoSt 12 - Fertigungsgemeinkosten 241,67%	0	0	14.500				14.500
= Fertigungskosten (1. Stufe A)	37.340	51.860	20.500				109.700
Fertigungseinzelkosten				9.500	6.900	5.100	21.500
+ KoSt 21 - Fertigungsgemeinkosten 164,21%				15.600	0	0	15.600
+ KoSt 22 - Fertigungsgemeinkosten 180,83%				0	12.478	9.223	21.700
= Fertigungskosten (1. Stufe B)				25.100	19.378	14.323	58.800

Fertigungskosten Stufe 2

Kosten	A1	A2	A3	B1	B2	B3	Gesamt
Fertigungseinzelkosten	2.000	2.200	750	4.900	3.700	2.000	15.550
+ KoSt 13 - Fertigungsgemeinkosten 171,72%	3.434	3.778	1.288				8.500
+ KoSt 23 - Fertigungsgemeinkosten 519,81%				25.471	19.233	10.396	55.100
= Fertigungskosten (2. Stufe)	5.434	5.978	2.038	30.371	22.933	12.396	79.150

Berechnung der Herstellkosten

	A1	A2	A3	B1	B2	B3	Gesamt
Materialkosten	38.324	48.682	6.733	26.931	32.110	26.931	179.710
Fertigungskosten Summe	42.774	57.838	22.538	55.471	42.311	26.719	247.650
Herstellkosten	81.098	106.520	29.271	82.401	74.420	53.649	427.360

Aufschlag einer Verwaltungs- und Vertriebsgemeinkostenpauschale

	A1	A2	A3	B1	B2	B3	Gesamt
Materialkosten	38.324	48.682	6.733	26.931	32.110	26.931	179.710
Fertigungskosten Summe	42.774	57.838	22.538	55.471	42.311	26.719	247.650
Herstellkosten	81.098	106.520	29.271	82.401	74.420	53.649	427.360
+ Verw.- u. Vertriebsgemeinkosten 11,45%	9.283	12.193	3.351	9.433	8.519	6.141	48.920
Selbstkosten	90.382	118.714	32.621	91.834	82.939	59.791	476.280

Betrachtung der Erlöse

Leistungen	Produkte A	Produkte B	A1	A2	A3	A1-A3 Summe	B1	B2	B3	B1-B3 Summe	Variabel Gesamt
Produktions- und Absatzmengen			1.000	1.200	200		600	500	300		
Preis pro Stück			95	100	170		180	180	200		
Bruttoerlöse			95.000	120.000	34.000	249.000	108.000	90.000	60.000	258.000	507.000
Kundenskonti	2%	3%	1.900	2.400	680	4.980	3.240	2.700	1.800	7.740	12.720
Preisnachlässe			250	900	100	1.250	1.500	200	300	2.000	3.250
Summe			92.850	116.700	33.220	242.770	103.260	87.100	57.900	248.260	491.030

Gegenüberstellung von Selbstkosten und Nettoerlösen

	A1	A2	A3	B1	B2	B3	Gesamt
Materialkosten	38.324	48.682	6.733	26.931	32.110	26.931	179.710
Fertigungskosten Summe	42.774	57.838	22.538	55.471	42.311	26.719	247.650
Herstellkosten	81.098	106.520	29.271	82.401	74.420	53.649	427.360
+ Verw.- u. Vertriebsgemeinkosten 11,45%	9.283	12.193	3.351	9.433	8.519	6.141	48.920
Selbstkosten	90.382	118.714	32.621	91.834	82.939	59.791	476.280
Nettoerlöse	92.850	116.700	33.220	103.260	87.100	57.900	491.030
Nettoergebnis	2.468	-2.014	599	11.426	4.161	-1.891	14.750
Nettoergebnis pro Stück	2,47	-1,68	2,99	19,04	8,32	-6,30	

Beurteilung Vollkostenrechnung

Die Nettoergebnisse ermöglichen Aussagen zur Einzelprofitabilität der jeweiligen Produkte. Streichungen von (scheinbaren) Verlustprodukten aus dem Produktions- und Absatzprogramm führen zumeist nicht zu einer Verbesserung, sondern zu einer Verschlechterung des Unternehmensergebnisses, weil die vom entsprechenden Produkt bislang getragenen Fixkostenanteile jetzt von den verbleibenden Produkten übernommen werden müssen.

Vollkostenwerte als Preise innerbetrieblicher Leistungen führen bei make-or-buy Überlegungen meist zu einer fortschreitenden Unterbeschäftigung der leistenden Servicebereiche - als eine Art internes „aus-dem-Markt-heraus-Kalkulieren".

Vollkostenwerte können damit zu falschen Verfahrenswahlentscheidungen führen.

8.2   Teilkostenrechnung

Grundprinzip der Teilkostenrechnung

Alle Teilkostenrechnungssysteme verwenden übereinstimmend das Marginalprinzip als Zurechnungsprinzip. Einem Bezugsobjekt (z.B. einem Kostenträger oder einer Kostenstelle werden Kosten dann zugeordnet, wenn diese nicht anfallen würden, wäre das Bezugsobjekt nicht existent, bzw. wenn diese wegfallen würden, wenn das Bezugsobjekt wegfiele.

Die auf den Kostenstellen verbliebenen Kosten werden in einem einstufigen oder mehrstufigen retrograden, bei den Erlösen ansetzenden Vorgehen von den Bruttoerfolgen (Deckungsbeiträgen) der Erzeugnisse (Erlöse minus direkt zugerechneter Kosten) abgesetzt.

Charakteristika von Teilkostenrechnungssystemen

- Verwendung von Vergangenheitsdaten (Istkosten), basierend auf der Finanzbuchhaltung; als Grenzplankostenrechnung auch Verwendung von Plandaten.

- Trennung der Kosten in Kostenträgereinzel- und Kostenträgergemeinkosten sowie in fixe und variable Kosten

- Abfolge von Kostenarten-, Kostenstellen- und Kostenträgerrechnung

- Ausweis von Bruttoerfolgen der Kostenträger und Kostenträgergruppen (bei Stufenweise Fixkostendeckungsrechnung) sowie des Nettoerfolgs des Unternehmens

Kostenspaltung in fixe und variable Kosten bei Kostenstellenkosten

Auch bei den Gemeinkostenpositionen erfolgt eine Analyse, welche Kosten variabel sind. Am Beispiel der Materialstelle könnte das wie folgt sein: 4000,- € sind fixe Kosten (Räume, Heizung, Grundkosten), die Materialausgabe hingegen ist an einen selbständigen Kleinunternehmer vergeben, der pro Ausgabevorgang einen Kostensatz erstattet bekommt; fällt ein Produkt weg, fallen auch die Kosten für die Materialausgabe für dieses Produktweg, d.h. sie sind variabel.

	A1	A2	A3	A1-A3 Summe	B1	B2	B3	B1-B3 Summe	Variabel Gesamt	Fix Gesamt
Kostenstellenkosten										
Materialstelle	500	550	120	1.170	400	390	250	1.040	2.210	4.000
Fertigungsstelle 11	3.900	4.800		8.700					8.700	37.500
Fertigungsstelle 12			1.000	1.000					1.000	13.500
Fertigungsstelle 13	1.500	1.200	900	3.600					3.600	4.900
Vertrieb A	100	100	70	270					270	9.500
Fertigungsstelle 21					1.100			1.100	1.100	14.500
Fertigungsstelle 22						4.500	3.200	7.700	7.700	14.000
Fertigungsstelle 23					1.700	1.500	1.400	4.600	4.600	50.500
Vertrieb B					80	50	20	150	150	12.000
Verwaltung										27.000

Überblick über in der Praxis verbreitete Teilkostenrechnungssysteme

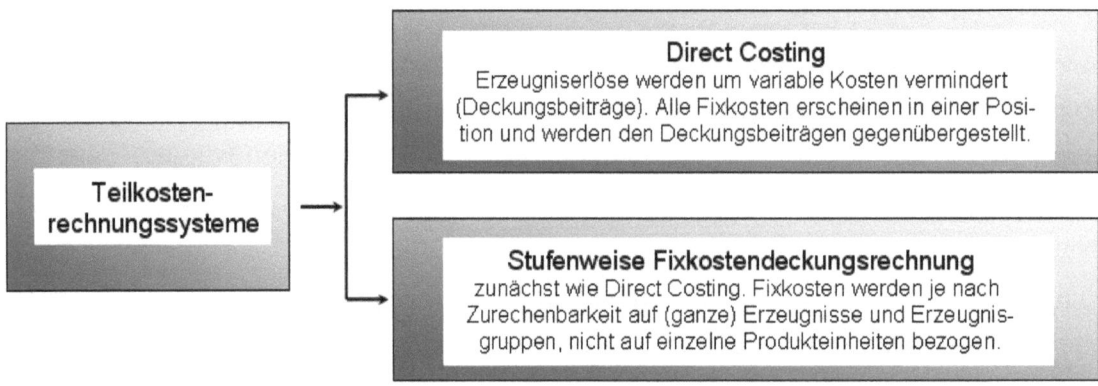

8.2.1 Direct Costing

	A1	A2	A3	B1	B2	B3	Summe
Nettoerlöse	92,85	97,25	166,10	172,10	174,20	193,00	
- Materialeinzelkosten	37,00	39,17	32,50	43,33	62,00	86,67	
- Materialgemeinkosten	0,50	0,46	0,60	0,67	0,78	0,83	
- variable Fertigungskosten (Stufe 1)							
- Fertigungseinzelkosten	18,00	20,83	30,00	15,83	13,80	17,00	
- variable Fertigungsgemeinkosten	3,90	4,00	5,00	1,83	9,00	10,67	
- variable Fertigungskosten (Stufe 2)							
- Fertigungseinzelkosten	2,00	1,83	3,75	8,17	7,40	6,67	
- variable Fertigungsgemeinkosten	1,50	1,00	4,50	2,83	3,00	4,67	
- variable Vertriebskosten	0,10	0,08	0,35	0,13	0,10	0,07	
Deckungsbeitrag (pro Stück absolut)	29,85	29,88	89,40	99,30	78,12	66,43	
Deckungsbeitrag (in % vom Nettoerlös)	32,1%	30,7%	53,8%	57,7%	44,8%	34,4%	
Nettoerlöse (Summe)	92.850	116.700	33.220	103.260	87.100	57.900	491.030
Deckungsbeitrag (Summe)	29.850	35.850	17.880	59.580	39.060	19.930	202.150
- Fixkosten							187.400
Nettoergebnis							14.750

Nach der Errechnung der Deckungsbeiträge pro Produkt werden diese für das Gesamtunternehmen kumuliert und den Fixkosten in einem Block gegenübergestellt.

8.2.2 Stufenweise Fixkostendeckungsrechnung

	A1	A2	A3	Σ A	B1	B2	B3	Σ B	Summe
Nettoerlöse	92,85	97,25	166,10		172,10	174,20	193,00		
Deckungsbeitrag (pro Stück absolut)	29,85	29,88	89,40		99,30	78,12	66,43		
Deckungsbeitrag (in % vom Nettoerlös)	32,1%	30,7%	53,8%		57,7%	44,8%	34,4%		
Nettoerlöse (Summe)	92.850	116.700	33.220		103.260	87.100	57.900		**491.030**
Deckungsbeitrag (Summe)	29.850	35.850	17.880		59.580	39.060	19.930		202.150
- Produktfixkosten			13.500		14.500				
Produktdeckungsbeitrag	29.850	35.850	4.380	70.080	45.080	39.060	19.930	104.070	174.150
- Produktgruppenfixkosten				51.900				76.500	
Produktgruppendeckungsbeitrag				18.180				27.570	45.750
- Unternehmensfixkosten									31.000
Nettoergebnis									14.750

Nach der Errechnung der Deckungsbeiträge pro Produkt werden Fixkostenpositionen auf kleinstmögliche Einheiten zugerechnet; d.h. Fixkosten von Kostenstellen, die ausschließlich für ein Produkt oder für eine Produktgruppe arbeiten, werden diesen stufenweise auch zugerechnet. Somit ergeben sich weitere Deckungsbeitragsstufen (Produktdeckungsbeitrag, Produktgruppendeckungsbeitrag). In der Praxis ist oftmals auch eine römische Nummerierung von Deckungsbeiträgen (DB I bis DB IV) anzutreffen.